Die schönsten Märchen der Welt • für 365 und einen Tag

Gesammelt und herausgegeben von
Lisa Tetzner

November

Luchterhand

Neuausgabe in 12 Einzelbänden
Sammlung Luchterhand, Oktober 1987

Hermann Luchterhand Verlag GmbH & Co KG,
Darmstadt und Neuwied
Umschlaggestaltung: Bärbel Fritz
Bildauswahl: Ann Anders
Herstellung: Petra Görg

Gesamtherstellung bei der
Druck- und Verlags-Gesellschaft mbH, Darmstadt
ISBN 3-472-61721-7

1. November

Die eitle Ajagaga

In Sibirien lebte einstmals ein Mädchen, das hieß Ajagaga. Es war ein sehr hübsches Mädchen, und jedermann hatte Ajagaga lieb. Weder in ihrem, noch in einem andern Lager rings herum gab es ein hübscheres Mädchen. Ajagaga war sehr stolz auf ihre Schönheit. Sie schaute sehr oft in den Spiegel und weil ihr das eigene Gesicht so gut gefiel, wollte sie nichts anderes mehr tun, als immerfort in den Spiegel schauen. Sie bespiegelte sich in der kupfernen Pfanne, im Wasser, was immer auch sie nur finden konnte. Sie spiegelte sich darin. Vom vielen Bespiegeln wurde sie immer fauler, denn sie tat nichts anderes, als sich bewundern. Einmal sagte die Mutter zu ihr: »Geh und hole Wasser!«
Da antwortete sie: »Ich werde ins Wasser fallen!«
»Dann halte dich am Strauch fest!« sprach die Mutter.
»Nein, der Strauch könnte abbrechen.«
»Nimm einen kräftigen Strauch!«
»Er wird meine Hände zerkratzen!«
»Zieh Handschuh an.«
»Die werden zerreißen«, antwortete Ajagaga und drehte sich dabei, um sich in der kupfernen Schüssel zu bewundern.
»Dann flicke die Handschuhe mit einer Nadel.«
»Die Nadel könnte zerbrechen!«
»Nimm eine dicke Nadel«, sagte der Vater.
»Ich könnte mich in den Finger stechen«, sagte die Tochter.
»Dann stecke dir einen Fingerhut an den Finger!«
»Der Fingerhut wird zerbrechen!«
Da trat die Nachbarstochter ein, die alles mit angehört hatte. Sie sagte zu der Mutter: »Gib mir den Kessel, ich gehe Wasser holen«, und sie holte Wasser.

Da rührte die Mutter einen Teig und buk auf dem heißen Herd Pfannkuchen.
Ajagaga sah die heißen duftenden Pfannkuchen und schrie: »Gib mir den Pfannkuchen, Mutter!«
»Nein, der Pfannkuchen ist heiß, du könntest dich verbrennen.«

»Ich ziehe mir Handschuhe an«, sagte Ajagaga.
»Die Handschuhe sind naß.«
»Ich trockne sie in der Sonne.«
»Sie werden hart werden.«
»Ich werde sie wieder weich klopfen.«
»Davon werden deine Hände schmerzen«, sagte die Mutter. »Warum willst du dich abmühen. Deine Schönheit könnte darunter leiden. Ich gebe den Pfannkuchen der Nachbarstochter.« Da wurde Ajagaga zornig. Sie lief hinaus an den Fluß und betrachtete ihr Spiegelbild. Die Nachbarstochter aber kaute an dem Pfannkuchen. Ajagaga schaute sich nach ihr um. Sie schaute und schaute nach dem Pfannkuchen und reckte dabei ihren Hals, so daß er immer länger wurde.
Die Nachbarstochter sagte zu Ajagaga: »Nimm den Pfannkuchen. Ich gebe ihn dir gern.« Da wurde Ajagaga nur noch zorniger. Sie zischte vor Wut, spreizte die Finger, wurde ganz weiß und holte soweit mit den Armen aus, daß sie sich in Flügel verwandelten.

»Ich brauche nichts – gsch – gsch.« Sie hielt es nicht mehr am Ufer aus, sondern plantschte ins Wasser und verwandelte sich in eine weiße Gans. Dabei schrie sie: »Oh, wie schön bin ich, wie schön.«
Sie schwamm und schwamm, bis sie ihre Sprache vergaß. Alle Worte vergaß sie, nur ihren Namen nicht. Und damit man sie nicht mit jemand anderem verwechselt, der weniger schön ist, schreit sie, sobald sie einen Menschen erblickt: »Aja-gaga-gaga.«

2. November

Der dünne Langfuß

In alten Zeiten lebte einmal in Irland ein Ehepaar. Es war schon über zwanzig Jahre verheiratet und hatte keine Kinder.
Eines Morgens ging Diarmuid – so hieß der Mann – aufs Feld und versuchte einen Hasen zu erwischen. Es war Schnee gefallen, und der Nebel hing so dick, daß man nichts erkennen konnte. Diarmuid kannte sich gut aus im Umkreis von einer Meile. Aber trotzdem verirrte er sich. Er wollte nur zur Heide gehen, die am Rande eines Torfstiches lag. Dort gab es oft Hasen, aber er wanderte stundenlang und konnte den Rand des Moores nicht finden. Schließlich wollte er nach Hause zurück. Aber er fand auch den Heimweg nicht. Er ging, bis er ganz müde war, und setzte sich dann hin. Da sah er einen alten Hasen herankommen. Er hob schon die Hand, um ihn niederzuschlagen.
Doch der Hase sprang beiseite und sagte: »Halte deine Hand zurück, Diarmuid! Erschlag deinen Freund nicht!«
Diarmuid wäre bald umgefallen, so schwach wurde er vor Schreck.
Als er zu sich kam, stand der schwarze Hase vor ihm und

sprach: »Hab keine Angst vor mir! Ich kam nicht, um dir zu schaden, sondern um dir zu nützen. Fasse Mut und höre zu: Du hast den Weg verloren, denn du bist auf den Irrhügel geraten. Du würdest im Schnee umkommen, wenn ich mich nicht deiner erbarmte. Du weißt ganz gut, daß du viele meines Stammes umgebracht hast, und wir haben keine Rache an dir geübt. Ich werde dir sogar Gutes tun trotz allem, was du an uns verübt hast! Sage mir deinen größten Herzenswunsch. Ausgenommen das Himmelreich, will ich dir verschaffen, was du dir wünschest.«
Diarmuid besann sich ein Weilchen und sagte: »Über zwanzig Jahre bin ich schon verheiratet und habe keine Kinder. Ich und meine Frau werden niemanden haben, der uns im Alter beisteht, der uns aufs Totenbett legt und uns betrauert. Es ist mein größter Herzenswunsch – und auch der meiner Frau –, einen Sohn zu haben. Doch ich fürchte, jetzt sind wir schon zu alt dazu.«
»Wahrhaftig, nein«, sagte der Hase. »Deine Frau soll von heut an in neun Monaten einen Sohn haben, und auf dem ganzen Erdenkreise wird nicht seinesgleichen zu finden sein. Jetzt folge meiner Schneespur, ich will dich heimführen. Aber was dir auch begegnet – erzähle keiner lebenden Seele, daß du mich sahst, und versprich mir, von jetzt ab keinen Hasen mehr zu töten!«
»Ich verspreche es dir!« sagte Diarmuid. Da lief der Hase vor ihm her, bis sie an die Giebelseite des Hauses kamen. – »Hier ist dein Haus«, sagte der Hase. »Geh hinein!«
Als Diarmuid eintrat, hieß ihn Roise, sein Weib, willkommen und sagte: »Wo bist du nur den langen Tag über gewesen? Ich wollte schon gehen und dich suchen. Du bist ja vor Kälte beinah erstarrt und halbtot vor Hunger.«
»In der Tat, sei glücklich, Frau, daß ich nicht im Sumpfloch oder in der Sandgrube versank. Ich bin auf den Irrhügel geraten und fand mich nicht mehr zurecht. Aber verlaß dich auf mein Wort: Solange ich lebe, spüre ich keinem Hasen mehr nach!«

Es war gut und war nicht schlecht.
Diarmuid dachte an nichts weiter als an den Erben, der ihm zugedacht war. Sobald er merkte, daß Roise ihm ein Kind schenken würde, war er der glücklichste Mann, den man sich in der Welt nur denken kann. Er ließ eine Wiege bauen und alles für den jungen Erben herrichten. Als die Nachbarn merkten, daß Roise ein Kind bekommen sollte, fanden sie es sehr wunderbar; denn sie war schon über fünfzig Jahre alt und hatte kein bißchen Fleisch an sich. Ihr Körper war wie bei einer Siebzigjährigen, so ausgetrocknet. Alle Leute redeten von Roise und Diarmuid.
Als die neun Monate vergangen waren, bekam Roise einen kleinen Sohn. Diarmuid schickte den alten Weibern des Ortes eine Einladung zum Festschmaus am Tage der Taufe. Er hätte sie besser da gelassen, wo sie waren!
Das Kind war vier Fuß lang, dünn wie ein Stock, mit Füßen, die mehr als einen Fuß Länge hatten. Die Weiber staunten, alt und jung: solch ein Neugeborenes wie dies hier hatten sie noch nicht gesehen! Diarmuid gab ihnen Schnaps, und sie lobten das Kind, bis alles ausgetrunken war. Danach begannen sie es schlecht zu machen.
»Heißt es nicht Diarmuid?« fragte eine halb betrunkene Alte.
»Nun«, meinte ein anderes altes Weib, »es wäre verkehrt, ihn Diarmuid zu nennen. Er sollte vielmehr Langfuß heißen!«
»Wir wollen ihm diesen Namen geben«, sagte das erste Weib.
Roise hörte die Reden mit an und wurde zornig. Sie rief Diarmuid und bat leise, er solle die Weiber, die heimlich über den jungen Diarmuid spotteten, aus dem Hause jagen. Diarmuid ging auf die Frauen los und wollte sie hinauswerfen. Sie wollten aber keinen Fußbreit weichen und Diarmuid war genötigt, ihnen erst noch ein Fläschchen Schnaps zum besten zu geben, ehe sie in Bewegung kamen. Doch der Name ›Langfuß‹ blieb an dem jungen Diarmuid haften, solange er lebte.

Als der Junge zehn Jahre alt war, hatte er mehr als sechs Fuß Länge. Dabei war er dünn wie eine Angelrute, und seine Füße maßen von den Knöcheln an anderthalb Fuß und waren schmal wie ein Daumen. Im Laufen übertraf ihn kein Jagdhund oder Windspiel in ganz Irland. Er ging selten aus dem Hause; denn die Leute machten sich über ihn lustig. Beim Ballschleudern brauchte er keinen Krückstock, sondern er trieb den Ball mit den Füßen. Und hatte er ihn erst vor sich, so holte keiner ihn ein!

Die Jahre vergingen, und der Langfuß wuchs. Mit einundzwanzig Jahren hatte er eine Länge von mehr als siebeneinhalb Fuß. Aber er war noch nicht dicker geworden. An ihm saß gerade so viel Fleisch wie an einer Zange. Dabei bekam er genug zu essen und zu trinken. Er verzehrte mehr als sieben Mann!

Die Leute meinten: »Er ist gar kein richtiger Mensch. Und Eingeweide hat er auch nicht.« Jedoch Diarmuid und Roise fanden, es gäbe im ganzen Land keinen so ansehnlichen jungen Mann wie ihn, und er würde schon noch dicker und fetter werden, wenn er mit Wachsen aufhöre; das Fleisch würde dann schon kommen.

Indessen, es kam nicht.

Eines Tages war Langfuß mit seinem Vater im Torfstich, um dort Torf aufzustapeln. Da sahen sie einen Hasen laufen, und zwar aus Leibeskräften. Ein Wiesel verfolgte ihn und kam ihm schon dicht auf den Pelz. Da schrie der Hase, so laut er konnte. Langfuß lief ihm nach und erwischte ihn, ehe ihn das Wiesel einholte. Darüber war das Wiesel erbost und griff ihn an. Es zerkratzte ihn und warf im Schaum ins rechte Auge, daß es davon erblindete. Dann lief das Wiesel fort und verschwand in einem Torfhaufen.

Während der ganzen Zeit hatte sich der Hase an Langfuß' Brust verkrochen. Als das Wiesel fort war, sagte er: »Ich danke dir mein Leben, aber du selbst bist auch in Gefahr. Das Wiesel ist eine Hexe. Du hast jetzt nur ein Auge. Stecke deine Hand in mein rechtes Ohr, und du wirst darin ein

Fläschchen mit Öl finden. Reibe damit dein Auge ein, so wirst du dein Augenlicht wiederhaben, und es wird so gut sein, wie es war.«

Langfuß tat das und erlangte sein Augenlicht wieder. Dann fuhr der Hase fort: »Nun laß mich wieder meiner Wege gehen. Immer wenn du für die Jäger einen Hasen aufspüren willst, komm hin zum Binsensumpf am Seeufer. Dort werde ich sein. Kein Jagdhund der Welt, kein Windspiel kann mich einholen. Nur du kannst mich greifen, wenn du Lust hast. Aber bei allem, was dir begegnet, liefere mich nicht den Hunden oder Jägern aus! Und sei auf deiner Hut heut nacht! Das Wiesel wird dich aufsuchen und dir die Kehle zerschneiden, wenn du nicht den Kater von Brigid Nî Mathghamhain bei dir im Bett hast. Du wirst eine Stimme vernehmen, die sagt:

›Es ist der Kater von Brigid Nî Math'úin,
Der den Speck fraß.
Und es ist der Kater von Brigid Nî Math'úin,
Der den Speck fraß.‹

Sobald du dies dreimal hintereinander gehört hast, laß den Kater los, und dann bist du ohne Gefahr!«

Langfuß gab nun den Hasen frei und ging zu seinem Vater zurück. Er erzählte ihm, was sich zugetragen hatte.

»Aha«, sagte der Vater. »Der Hase ist dein bester Freund! Befolge seinen Rat! Aber sieh dich vor und erzähle den Nachbarn nichts von ihm! Gib ihnen keinen Anlaß zu Gerede! Denn erzählst du ihnen diese Geschichte, so kannst du weder in unserem Bezirk hier, noch in den sieben nächsten ungestört leben!«

»Ich bin nicht so dumm. Von Geburt war ich kein Schwätzer. Ja, ich bitte dich sogar, daß du auch meiner Mutter nichts erzählst.«

Am Abend ging er hin zum Hause der Brigid Nî Mathghamhain und wollte sie um ihren Kater bitten. Als er nahe am Hause war, bemerkte er einen Fuchs; der hatte Brigids

Gänserich gestohlen. Langfuß verfolgte ihn, und als er ihm dicht auf den Pelz kam, ließ der Fuchs den Gänserich fahren und entwischte in einen kleinen Wald nahebei. Langfuß brachte den Gänserich zu Brigid und sagte zu ihr: »Der Fuchs hatte ihn schon gepackt, doch ich habe ihm seine Beute entrissen.«

»Ich bin dir sehr dankbar«, antwortete sie ihm. »Wünschest du irgend etwas? Du kommst nicht oft auf Besuch!«

»Ich wollte dich bitten, mir deinen Kater zu leihen. Unser Mehlsack ist von Mäusen zerbissen.«

»Nimm ihn mit«, sagte sie, »und behalte ihn, bis er alle Mäuse im Haus getötet hat. Er ist ein Bursche, der's versteht, sie zu vertreiben!«

Langfuß trug den Kater heim und ging ins Bett. Aber kein Schlaf kam in seine Augen. Etwa eine halbe Stunde vor Mitternacht hörte er das Lied:

»Es ist der Kater von Brigid Nî Math'úin,
Der den Speck fraß.
Und es ist der Kater von Brigid Nî Math'úin,
Der den Speck fraß.
Und es ist der Kater von Brigid Nî Math'úin,
Der den Speck fraß.«

Als er diese Worte das dritte Mal vernommen hatte, war die Stimme ganz dicht bei ihm. Aber der Kater war tüchtig, sprang hervor und sagte: »Du Lügenhexe! Nicht ich, sondern du hast den Speck gestohlen!« Und er griff das Wiesel an. Und so etwas von Beißen und Kratzen und Kreischen hat noch nie ein Mensch gehört!

Die arme Roise war rein närrisch vor Angst und vermochte nichts weiter zu sagen als: »Still! Willst du wohl' raus, Katz!« Und das wiederholte sie, bis ihr die Kehle heiser war.

Der Kampf dauerte an, bis der Tag dämmerte. Dann verließ das Wiesel das Schlachtfeld und verschwand in einem Loch. Der arme Kater war ohne Haut und Haare. Als Langfuß ihn anfassen wollte, sprach er: »Reibe mich mit dem Öl ein, das du im Ohre des Hasen fandest.« Das tat er und heilte ihn damit, so daß er gesund war wie vorher.

»Da«, sagte der Kater zu ihm: »Jetzt ist dein Feind tot, fürchte ihn nicht mehr!«

Langfuß gab dem Kater Milch, und der ging heim, während Langfuß einen Besen nahm und Haut und Haare auskehrte. Aber die Blutspuren blieben am Boden. Alles Wasser im See hätte sie nicht fortwischen können!

Eines Tages gab es in der Grafschaft eine große Jagd, und der Hirsch lief dem Dorfe zu. Langfuß befand sich gerade auf dem Felde. Da sah er, wie Hunde und Reiter hinterdreinstürmten, er setzte dem Hirsch nach, und einer der Jäger sagte zu ihm: »Gelingt es dir, ihn zurückzutreiben, ehe er über den Fluß setzt, gebe ich dir ein Goldstück.«

Während er zu Langfuß redete, war ihnen der Hirsch schon weit voraus. Doch bald hatte Langfuß ihn eingeholt und trieb ihn zurück. Er wartete, bis der Jäger herankam und ihm ein Goldstück gab. Inzwischen lief der Hirsch dem See zu. Als die Hunde ihm ganz nahe waren, sprang er ins Wasser und schwamm auf die andere Seite. Die Hunde konnten ihm nicht mehr nach. Als die Jäger das Seeufer erreicht hatten, sagten sie zueinander: »Der Hirsch ist fort. Es gelingt uns nicht mehr, ihn heute noch aufzuspüren. Er entkam in den Wald.«

Langfuß hörte ihr Gespräch mit an und sprach: »Ich wette meinen Kopf für zehn Penny, daß ich den Hirsch noch einhole und ihn zu euch zurücktreibe, ehe er den Wald erreicht. Wenn es euch recht ist, wartet eine halbe Stunde. Ich schaffe euch den Hirsch her – wenn nicht, dürft ihr mir den Kopf abschlagen.«

»Gut«, sagten sie, »wir werden eine halbe Stunde warten.«

Nun lief Langfuß aus Leibeskräften und holte den Hirsch ein. Er trieb ihn zurück und hatte ihn bald wieder zum Seeufer gejagt. Als die Jäger sahen, wie der Hirsch ankam und Langfuß hinterdrein jagte, staunten sie und sagten,

Langfuß ist ein Zauberer, man müßte ihn aus der Gegend vertreiben.
Doch sie hatten jetzt keine Zeit, etwas gegen ihn zu unternehmen. Die Hunde jagten dem Hirsch nach, und die Jäger mußten folgen. Der Hirsch lief immer vor ihnen her. Dann bog er in ein kleines Gehölz ab. Dort verloren sie ihn. Damit war die Jagd für den Tag zu Ende. – Langfuß ging nach Hause und war sehr zufrieden mit seinem Tagewerk und dem Goldstück. Er gab es seinem Vater und erzählte ihm, was er erlebt hatte.
Etwa eine Woche später war Langfuß im Moor, um für die Kuh Heidekraut zu ziehen. Da kamen dieselben Jäger wieder den Weg entlang. Sie fragten ihn, ob er einen Hasen gesehen hätte.
»Nein«, gab er zur Antwort. »Aber ich weiß, wo ein Hase steckt.«
»Spür ihn für uns auf!« sagte einer, »wir werden dir dafür den Preis von ein Paar Schuhen geben.«
»Das brauche ich nicht«, meinte Langfuß, »aber gebt mir den Preis von ein Paar Hosen.«
»Ja«, sagten sie.
»Gebt es mir vorher«, sprach Langfuß. »Vergangene Woche gewann ich zehn Penny von den Jägern, sie haben sie mir nicht gegeben. Bin ich auch wunderlich anzusehen, so bin ich doch kein Narr!«
Sie gaben ihm fünf Geldmünzen und sagten ihm, er solle ihnen nun den Hasen auftreiben. Da ging er zum Binsenloch am Seeufer und spürte seinen Freund, den Hasen, auf. Hunde und Jäger setzten hinter ihm her. Der aber wandte sich dem Torfstich zu, und sie holten ihn nicht ein. Die Jäger kamen fünf Tage hintereinander, und Langfuß trieb ihnen alle Tage den Hasen zu. Aber sie konnten ihn nie fassen. Am sechsten Tage sagten sie zu Langfuß: »Du bist ein Zauberer und hast uns einen verhexten Hasen zugetrieben.«
»Ist das eure Vermutung, so treibt euch selbst einen zu!« sagte er.

Da wollten sie ihn greifen. Doch er war zu flink für sie. Sie verfolgten ihn bis nach seinem Hause und forderten dort seinen Vater und seine Mutter auf, ihn herauszugeben, sie wollten ihn töten.
»Was tat er euch?« fragte der Vater.
»Er ist ein verhextes Ungeheuer«, erwiderten sie.

Als Roise das vernahm, kam sie herausgelaufen und setzte ihre Zunge in Bewegung! Aber ihr Reden half nichts. Die Männer riefen, wenn Langfuß nicht herauskäme, wollten sie das Haus in Brand stecken. Als Langfuß das hörte, griff er nach dem Schaufelstiel, Diarmuid nach der Zange und Roise nach dem Kesselhaken. Langfuß lief hinaus, griff die Jäger mit seinem Spaten an und streckte sie nieder. Und jedem, den er hinwarf, gaben es sein Vater und seine Mutter mit Zange und mit Kesselhaken noch obendrein. Schließlich lagen alle Männer am Boden, unfähig, sich zu wehren.
Allmählich kamen sie wieder zu sich und verliefen sich nach und nach, bis auch der letzte fort war.
Nach einigen Tagen gingen sie zum Priester und beklagten sich heftig über Langfuß und seine Eltern.
»Ich werde hingehen zu Diarmuid«, sagte der Priester, »und über diesen Fall Erkundigungen einziehen.«
Am Morgen darauf ging der Priester zu Diarmuids Haus und hörte dort die Ursache des ganzen Streites. Er ging heim

und schickte zu den Leuten, die die Klage vorgebracht hatten. »Weder Diarmuid ist zu tadeln, noch seine Frau, noch der Sohn«, sagte er. »Hättet ihr nicht angefangen, sie hätten euch kein Unrecht zugefügt. Und ich rate euch, sie in Ruhe zu lassen.« Mit dem Rate des Priesters waren sie nicht zufrieden. Sie verschworen sich, heimlich in der Nacht das Haus des Diarmuid anzuzünden, sobald er und sein Weib und der Sohn schliefen. An demselben Tage ging Langfuß zum Torfstich, um einen Korb Torf zu holen. Da traf er den Hasen, und der sagte: »Höre, Langfuß, heute nacht will eine Schar Leute zu eurem Hause, um dich, deinen Vater und deine Mutter auszuräuchern. Doch ich werde über ihre Augen einen Nebel decken, daß sie irre gehen. Sie werden nicht den Weg finden zu deinem Hause und auch nicht zu ihrem eigenen, bis der Morgen naht. Und wenn sie etwa noch einen Versuch machen sollten, werden sie im See ertrinken.«

An jenem Abend wurde von Haus zu Haus die Losung gegeben: alle diejenigen, welche zu Diarmuids Hause wollten, um es anzuzünden, sollten sich vor Mitternacht am Kreuzweg treffen. Etwa zwanzig Mann versammelten sich an Ort und Stelle. Sie gingen in der Richtung nach Diarmuids Haus. Aber sie fanden es nicht. Da wollten sie heimkehren. Doch sie konnten weder ihr Haus noch ein anderes finden. Das dauerte, bis der weiße Ring des Tages am Himmelsrand sichtbar wurde. Da sahen sie sich nach einer langen Nachtwanderung am selben Kreuzweg wieder, von dem sie ausgegangen waren.

Von jener Nacht an belästigten sie weder Langfuß, noch seinen Vater, noch die Mutter. Aber sie mieden Langfuß wie einen Spion oder Dieb.

Eines Tages nun war Diarmuid wieder beim Torfstich, als der schwarze Hase ankam, derselbe, der zu ihm gekommen war an jenem Morgen vor zweiundzwanzig Jahren, als er sich verirrt hatte.

»Ich komme«, hub er an, »um dir mitzuteilen, daß deine

Lebenszeit und die deiner Frau nur noch kurz bemessen ist. Wenn ihr etwas zu ordnen habt, macht das bald. Ihr habt nur noch eine Woche zu leben!«
»Und was wird aus Langfuß«, fragte Diarmuid, »wenn er keinen Menschen hat, der ihn schützt?«
»Sorge dich nicht um ihn«, sprach der Hase. »Er ist von meinem Stamm, und ich werde ihn zu mir nehmen. Mein Wort darauf – er wird glücklicher sein als unter seinen Nachbarn! Nun brauchst du nicht mehr das Geheimnis zu bewahren, sondern kannst es jedem Beliebigen erzählen.«
Diarmuid war auf dem Heimwege und tief betrübt, als er seinen Brudersohn traf. Er erzählte ihm die Geschichte von Anfang bis zu Ende.
»Wenn du diese Geschichte irgendeinem Menschen erzählst, ist deine Familie entehrt, und wir finden keinen Menschen, euch zu begraben.«
»Ich will sie keinem weiter erzählen, nur Roise und dem Priester«, sagte Diarmuid.
Er ging nach Hause und erzählte Roise die Geschichte. Als er zu Ende war, bekam sie einen Hustenanfall, und daran erstickte sie.
Diarmuid und Langfuß begruben sie. Am Ende derselben Woche starb auch Diarmuid. In der Nacht, nachdem er begraben war, ging Langfuß fort. Seitdem hat keiner mehr von ihm gehört.
Diarmuids Neffe konnte das Geheimnis nicht bei sich behalten, und nach kurzer Zeit lief die Geschichte von Mund zu Mund durch das Land, so wie ich sie dir eben erzählt habe.

3. November

Das Kätzchen und die Stricknadeln

Es war einmal eine arme Frau, die ging in den Wald, um Holz zu lesen. Als sie mit ihrer Bürde auf dem Rückwege war, sah sie ein krankes Kätzchen hinter einem Zaun liegen, das kläglich schrie. Die arme Frau nahm es mitleidig in ihre Schürze und trug es nach Hause. Auf dem Wege kamen ihre

beiden Kinder ihr entgegen, und als sie sahen, daß die Mutter etwas trug, fragten sie: »Mutter, was hast du da?« und wollten gleich das Kätzchen haben; aber die Frau gab den Kindern das Kätzchen nicht, aus Sorge, sie möchten es quälen, sondern sie legte es zu Hause auf alte weiche Kleider und gab ihm Milch zu trinken. Als das Kätzchen sich gelabt hatte und wieder gesund war, da war es mit einem Male fort und verschwunden.

Nach einiger Zeit ging die arme Frau wieder in den Wald, und als sie mit ihrer Bürde Holz auf dem Rückwege zu der Stelle kam, wo das kranke Kätzchen gelegen hatte, da stand eine vornehme Dame dort und warf ihr fünf Stricknadeln in die Schürze. Die Frau wußte nicht recht, was sie denken sollte, die absonderliche Gabe schien ihr gar zu gering; doch nahm sie die fünf Stricknadeln mit nach Hause und legte sie des Abends auf den Tisch.

Aber als die Frau des anderen Morgens aufgestanden war, da lagen ein Paar neue, fertiggestrickte Strümpfe auf dem Tisch. Das wunderte die Frau über alle Maßen; am nächsten Abend legte sie die Nadeln wieder auf den Tisch, und am Morgen darauf lagen neue Strümpfe da. Jetzt merkte sie, daß ihr zum Dank für ihr Mitleid mit dem kranken Kätzchen diese fleißigen Nadeln beschert waren, und sie ließ dieselben nun jede Nacht stricken, bis sie für sich und die Kinder genug hatte. Dann verkaufte sie Strümpfe und hatte gut zu leben bis an ihr seliges Ende.

4. November

Aregnasan

Vor langer Zeit, als der Erdball noch voller Wunder war, aber die guten und bösen Geister bereits Krieg untereinander führten und die bösen den Menschen viel Schaden zufügten, während die guten Wunder vollbrachten, lebte am Fuße des Berges Ararat ein Fürst, Arman geheißen. Seine Frau war ihm gestorben. Seine drei Töchter waren alle sehr schön und klug, aber die jüngste war die klügste und schönste von allen. Die guten Geister hatten beschlossen, sie später – wenn sie es wünschte – zum Mann werden zu lassen, denn

der Fürst hatte sich vergeblich einen Sohn gewünscht. Da ihm der Geisterspruch bekannt war, freute er sich darauf.
»Ich werde sie trotzdem genau so erziehen, wie meine zwei älteren Töchter«, beschloß er.
»Ich werde sie auch als Mädchen kleiden, falls sie doch lieber ein Mädchen bleiben will.«
Die älteste Tochter hieß Sarmanasan, die mittlere Samasan, die jüngste Aregnasan. Obgleich sie als Mädchen heranwuchs, verachtete sie jede weibliche Arbeit und zeigte mehr Lust zum Reiten, vergnügte sich mit der Jagd und focht sehr gern. Der Fürst lehrte sie auch mit Roß und Waffen umgehen, damit sie mutig und unerschrocken werde.
Eines Tages berief der Fürst seine drei Töchter zu sich und sagte: »Liebe Kinder! Ich habe unserem Kaiser ehrlich und treu gedient. Nun bin ich alt und kann ihm nicht mehr beistehen. Ihr aber seid jung und gesund. Wer von euch will, als Junge gekleidet, zu ihm gehen, und ihm dienen?«
»Oh, ich!« rief die Älteste.
»Nein, lieber ich«, schrie die Zweite.
Nur die Jüngste schwieg.
»Nun, Töchterlein«, fragte der Fürst, »und du hast keine Lust?«
»Warum sollte ich nicht auch hingehen?« sagte Aregnasan gelassen.
»Nun gut«, sagte der Fürst. »So müßt ihr euch alle drei einer Prüfung unterziehen.«
»Was sollen wir tun?« fragten die Töchter.
»Ihr sollt alle drei nacheinander am frühen Morgen, bevor die Hähne krähen, in unseren Wäldern jagen. Und wer mit Wild zurückkommt, der darf zum Kaiser reiten.«
Sarmanasan suchte sich das beste Pferd und Jägerkleidung, nahm Waffen mit sich, und zog pünktlich am andern Morgen fort. Im Wald aber erblickte sie einen maskierten Jäger. Vom Kopf bis zu den Füßen war er mit schweren Waffen behangen. Er ritt auf sie zu und schrie sie mit schrecklicher Stimme an: »Jüngling, schöner Jüngling, wohin des Wegs?«

Das Mädchen erschrak und stotterte: »Ich kenne den Weg nicht, kenne ihn nicht, aber kehre ich um, so werde ich als untauglich erklärt.«
»So kehre sofort um, wenn du den Weg nicht weißt, oder ich gebrauche mein Schwert«, schrie er und zog das Schwert aus der Scheide.
Das Mädchen begann sofort zu schreien: »Tu mir nichts, tu mir nichts, ich bin nur ein armes Mädchen!«
»Dann kehr heim, füttere die Hühner und stopfe Strümpfe, Mädchen haben im Wald nichts zu suchen. Es genügt nicht, sich als Mann zu verkleiden, man muß auch ein Männerherz haben.« Nach diesen Worten verschwand der Reiter.
Daheim wunderte sich der Vater, als sie zurückkam und fragte: »Warum schon hier und warum bringst du kein Wild?«
»Ach, ein Fieber ergriff mich unterwegs«, stammelte das Mädchen.
Am andern Tag zog sich die zweite Tochter als Jägerin an, bestieg ihr Roß und ritt in den Wald. Aber es erging ihr nicht besser als der ältesten. Auch sie kehrte mit leeren Händen zurück.
Dann kam der Morgen für Aregnasan. Der Vater selber half ihr, die Rüstung anzulegen, und sie ritt rasch davon. Kaum ist sie im Wald, da erblickte sie vor einer Schlucht den maskierten Reiter. Er fragt auch sie: »Wohin des Weges?«
»Was geht dich mein Weg an, gib ihn frei, du Räuber!«
»Diese Worte sollst du mir mit deinem Leben büßen«, schrie der fremde Reiter. »Ich bin kein Räuber, der deinen Weg versperrt.«
»Daß du ein Räuber bist, zeigt deine Maske, aber was für einer, das werden erst deine Waffen zeigen«, antwortete Aregnasan gelassen.
Über eine Stunde dauerte ihr Zweikampf. Keiner gab nach. Die Kräfte des Maskierten ließen zuerst nach, die Kräfte Aregnasans blieben frisch. Endlich hatte sie ihn aus dem Sattel gehoben und zu Boden geworfen. Da öffnete er sein

Visier und – jetzt erkannte Aregnasan ihren Vater! Sie erschrak, aber er zog sie an sein Herz und rief: »Nun hast du bewiesen, daß du mir einen Sohn ersetzen kannst. In deiner Brust schlägt ein kühnes Herz. Reite getrost zum Kaiser und tritt bei ihm in Dienst.«
Dann erhoben sich beide und ritten in den Palast zurück. Am nächsten Tag rüstete sich Aregnasan zur Reise und erreichte glücklich den Kaiserhof. Dort stelle sie sich als Areg, Sohn des Fürsten Arman, vor. »Ich wußte nicht, daß der Fürst auch einen Sohn hat. Sei mir willkommen.«
Der Kaiser hatte eine einzige Tochter, sie hieß Nunufar, und als sie Areg zum erstenmal erblickte, erkannte sie sofort in ihm den Jüngling, den sie schon oft in ihren Träumen gesehen hatte und freute sich, daß er endlich gekommen war.
Am andern Morgen durfte Areg sich das beste Pferd und die herrlichste Rüstung aussuchen, und der Kaiser nahm ihn mit auf die Jagd. Areg jagte immer in der Nähe des Kaisers, und als dieser einen Hirsch verfolgte, strauchelte sein Pferd. Als Areg ihm beistehen wollte, sah er dicht vor dem Kaiser einen großen grimmigen Bären. Der hatte schon zum Sprung angesetzt, als Areg wie ein Pfeil herbeisprang und den mächtigen Schädel des Bären mit einem Schwertstreich spaltete.
Der Kaiser umarmte Areg und dankte ihm. Er war der Held des kaiserlichen Hofes geworden. Die Neider aber, die dem neuen Höfling das Ansehen nicht gönnten, schmollten und erzählten überall, auch sie hätten den Kaiser retten können. Aber als sie ins Schloß zurückkamen, konnten sie nicht verhindern, daß das Volk ausrief: »Lang lebe der Kaiser!«, und gleich darauf »Lang lebe der mutige Retter Areg!«
Zum erstenmal seufzte Areg und dachte: »Ach, wäre ich doch wirklich ein Mann.«
Der Kaiser aber umarmte ihn zum zweitenmal und sagte: »Ich will dich wie meinen Sohn und einen echten Prinzen halten, und du kannst dir von mir wünschen, was du willst.«
Nunufar aber bewunderte Areg nun noch viel mehr, sie sah

ihn mit brennenden Augen an und hoffte, er würde als Lohn ihre Hand erbitten. Da Areg sich aber nicht nach ihr umsah, beschloß sie, ihn heimlich am Abend zu sich zu holen. Warum sollte sie das auch nicht? Konnte sie ihm nicht noch einmal allein für die Errettung ihres Vaters danken? Sie klatschte in die Hände und befahl ihrer Dienerin, Areg zu rufen.

Die Dienerin richtete die Botschaft aus, aber Areg sagte: »Nein, ich komme nicht.«

»Warum willst du nicht kommen, Herr? Meine Herrin bittet so sehr. Hast du nicht gesehen, wie schön sie ist?« – ›Oh, wäre ich doch ein wirklicher Mann‹, überlegte Areg zum zweitenmal an diesem Tag und abermals sagte er: »Ich will nicht, das genügt.«

Die Dienerin richtete es so aus, wie Areg es gesagt hatte, und Nunufar erschrak vor Kummer und Aufregung darüber. Die Dienerin versuchte ihre Herrin zu trösten.

»Sicherlich schämt er sich vor der Tochter des Kaisers. Er errötete wie eine Rose und wurde dabei noch schöner.«

Darüber erkrankte die Kaisertochter nur noch viel mehr. Der Kaiser berief die besten Ärzte. Sie untersuchten sie, konnten aber keine Krankheit feststellen. Die Frau des verstorbenen Ministers wurde als Krankenwärterin zur Prinzessin berufen. Sie hatte einen einzigen Sohn und sie hoffte schon lange, daß dieser dereinst der Schwiegersohn des Kaisers und der Gemahl der Prinzessin werden sollte. Darum pflegte sie die Prinzessin sehr sorgfältig.

Eines Tages nun kam der kaiserliche Spaßmacher herein und fragte: »Prinzessin, was gibst du mir, wenn ich dich heile?«

»So sage es mir«, jammerte die Kaisertochter.

Da fragte sie der Spaßmacher: »Wenn du von zwei eins wegnimmst und nachher wieder eins zulegst, werden es dann wieder zwei?«

»Aber bestimmt!« sagte die Prinzessin. »Wenn ich von zwei Äpfeln einen gegessen habe und wieder einen neuen dazu tue, so habe ich wieder zwei.«

»Ach, ich dachte«, lachte der Spaßmacher, »was gegessen, ist gegessen, was verloren, ist verloren, was geliebt, ist unersetzbar. Warum wäre sonst die Frau des Ministers Witwe geblieben? Nicht jeder kann ihr den Mann, den sie liebte, ersetzen. So wird auch euch die Frau des Ministers wenig helfen, gäbe man aber Areg zu Nunufar, so würdest du gesund.« Kaum aber hatte der Narr ausgesungen, so machte er einige Sprünge und lief fluchtartig dann davon.
Die Frau des Ministers aber, die Nunufar für ihren Sohn haben wollte, erschrak bei diesen Worten und beschloß, Areg aus dem Weg zu räumen. Am nächsten Morgen begab sie sich zum Kaiser und sagte: »Seit heut nacht weiß ich, wie Nunufar zu heilen ist. Im Traum sagte eine Stimme zu mir: ›Wenn Areg ihr das Wasser des Lebens holte, würde sie sofort gesund.‹«
Als der Kaiser das gehört hatte, rief er Areg zu sich und bat ihn: »Liebster Areg, wenn du mir eine Flasche vom Wasser des Lebens holst, so bekommst du mein ganzes Reich und meine Tochter dazu.«
»Gebieter«, entgegnete Areg, »auch ohne das Versprechen will ich es holen. Aber wo ist es zu finden?«
»Das weiß ich auch nicht, die guten Geister mögen es dir enthüllen. Wende dich mit dem Gesicht nach Westen, durchreise viele Länder und viele Königreiche und findest du das Wasser des Lebens nicht, so wird deine Mühe auch nicht umsonst sein, denn dann hast du viel gesehen und viel gelernt.«
Areg nahm sein Pferd, das in einem Tag eine viertägige Strecke durcheilen konnte, und zog gen Westen. Viele Reiche durchritt er, vieles erlebte er, Gutes und Böses, bis er eines Tages an ein Seeufer kam. Er band sein Pferd, das Basik hieß, an einen Baum und sah eine Schar Tauben, die sich neben ihm niederließen. Aber wie erstaunt war er – sonderbare Tauben waren es – sie streiften ihr Federkleid ab und wurden zu schönen Jungfrauen, die im See badeten. Rasch lief er zu den Federkleidern und versteckte eines davon. Die

Taubenmädchen verließen bald darauf das Wasser, zogen ihre Federkleider wieder über und flogen als Tauben davon. Nur eine blieb zurück, nackt stand sie am Ufer und schaute ängstlich um sich. Um nicht länger nackt zu sein, sprang sie wieder ins Wasser, und als sie Areg erblickte, der ihr Federgewand in der Hand hielt, sang sie:

»Gibst du mir mein Federkleid,
Werd ich im fernern Leben,
Männlichkeit und Bart dir geben.«

Areg erfreute das Lied. »Sing es noch einmal«, bat er.
Das Taubenmädchen sang abermals und diesmal griff Areg an seinen Mund, das Federkleid entfiel seiner Hand, denn er fühlte einen Bart über den Lippen und im glatten Spiegel des Wassers erblickte er ein anderes Gesicht als vorher. Ein schöner schwarzer Schnurrbart zierte seine Oberlippe.
»Ach«, rief er jubelnd, »ach, jetzt bin ich wirklich ein richtiger Areg, ein Mann.«
Da hörte er über sich ein Singen: »Gru gru gru.«
Areg schaute auf und rief der Taube zu: »Du hast mir ein großes Geschenk gemacht. Kannst du mir nicht auch noch das Wasser des Lebens verschaffen?«
Die Taube erhob sich in die Lüfte und flog davon. Verging lange Zeit oder verging kurze Zeit? Areg drehte sein Bärtchen und bewunderte sein neues Männergesicht im Seespiegel, er merkte es kaum. Aber als die Taube zurückkam, brachte sie in einem Gefäß das Wasser des Lebens.
Da zog Areg vergnügt und zufrieden seines Wegs. Er wollte rasch zurück, denn jetzt brauchte er Nunufar nicht länger auszuweichen, jetzt war er kein Mädchen mehr, sondern ein Mann, der sie heiraten konnte.
Aber vor Freude achtete er nicht auf den Weg, und plötzlich stand er unvermittelt vor den Türmen und Häusern einer großen fremden Stadt. Vor dem Stadttor sah er eine Wache. Er fragte sie nach dem Namen der Stadt und nach einer

Herberge, aber die Wache gab keine Antwort, und als er sie anstieß, merkte er, daß sie versteinert war. Mutig trat er in die Stadt ein und entdeckte sehr bald, daß die ganze Stadt versteinert war. Bei jedem Schritt, bei jeder Wendung erblickte er neue versteinerte Menschen, sitzend, stehend oder liegend. Er kam auf einen Markt. Die Händler und die

Käufer standen nebeneinander, ihre geöffneten Geldbörsen in der Hand: versteinert war alles was er sah.
Da schrie er: »Huhuu«, in der Hoffnung, irgendeine Antwort zu hören. Endlich erklang von fern ein leises Echo.
Er horchte und vernahm schließlich die Worte: »Verstei – verstei –.«
Nun ging er der Stimme nach und kam zu einem Palast. Auch hier war alles zu Stein erstarrt. Selbst der Strahl des Springbrunnens war versteinert. Die Blumen, noch frisch in den Farben – versteinert waren auch sie! Aber endlich fand er mitten im Garten einen Mann, der nur zur Hälfte versteinert war.

»Wasser, Wasser«, lallte er, kaum hörbar.
Aber auch das Wasser war versteinert. Da besann sich Areg, daß er ja das Wasser des Lebens bei sich trug. Er griff zu dem Gefäß.
»Trinkt«, sagte er, »trinkt«, und rasch flößte er dem Manne vom Wasser des Lebens ein. Siehe, er erwacht zum Leben! Aber kaum steht er auf seinen Beinen, so ruft er angstvoll: »Lauf Söhnchen, lauf, damit uns die Alte nicht findet.«
»Wer ist denn die Alte?« fragte Areg.
»Ach«, stöhnte der Mann, »eine furchtbare Zauberin, die meine ganze Stadt und mein ganzes Volk versteinert hat. Ich war der Kaiser der Stadt, und mich hat sie nur zur Hälfte versteinert, damit sie mich täglich quälen kann.«
»Kannst du mir sagen, worin die Kraft der Hexe liegt?« fragte Areg.
»Das kann ich: in einem Stab, den sie immer bei sich trägt.«
»Nun«, rief Areg, »dann ist es leicht. Ich werde ihr den Stab abnehmen.«
Kaum hatte er das gesagt, so gewahrten sie am Himmel, auf einem Besen reitend, die Hexe. Sie gingen ihr beide entgegen. Die Alte aber hatte mehrere Stäbe. Sie nahm einen Stab zur Hand und zischte den Kaiser zornig an: »Was Stein war, soll Stein bleiben.«
Aber bevor sie den Kaiser mit ihrem Stab berührt hatte, schlug ihr Areg den Stab aus der Hand und fesselte sie an Händen und Füßen. Alle ihre anderen Zauberstäbe nahm er ihr ab, und nun konnte sie keinen Schaden mehr anrichten.
»Wie soll ich dich für alle deine Untaten bestrafen?« schrie der Kaiser.
Da lachte die Hexe, und sagte: »Mich kannst du erst bestrafen, wenn einmal ein Mädchen sich in einen Mann verwandelt. Darauf aber kannst du lange warten.«
Der Kaiser antwortete nicht darauf, und auch Areg sagte nichts. Aber er trat näher zur alten Hexe, denn nun wußte er genau, daß es mit der Hexe Macht zu Ende war. Doch bevor er ihr das Leben nahm, fragte er sie: »Wie aber kann man die

Menschen des versteinerten Reiches zum Leben erwecken?«
Wieder lachte die Alte. »Das könnte man nur, wenn einer in den Springbrunnen da einige Tropfen vom Wasser des Lebens gösse, aber das Wasser des Lebens liegt fern hinter den Bergen und nur das Mädchen, das dereinst zum Mann werden wird und auch ebenso unerschrocken wie ein Mann ist, kann das Wasser des Lebens bekommen.«
Da holte Areg rasch sein Gefäß hervor und ließ einige Tropfen in den versteinerten Springbrunnen fallen. Sofort hub es an zu donnern und es gab ein Krachen und Dröhnen, alle Menschen erhoben sich und die Hähne krähten und die Kühe muhten und das Wasser begann zu fließen und die Kirchenglocken zu läuten. Keiner in der Stadt aber wußte, daß seit ihrer Versteinerung vierzig Jahre vergangen waren. Jetzt erwachten sie, als sei nichts geschehen, und die Kaiserin, die gerade beim Essen gewesen war, löffelte ihre Suppe weiter, und glaubte, sie habe nur ein bißchen geschlafen. Und die Köchin in der Küche putzte das Gemüse, und die Frauen kamen vom Markt zurück und trugen ihre Einkäufe heim.
Was sollte man aber mit der Alten machen, die noch immer gefesselt am Boden lag? Ihr wurde immer kläglicher zumute, sie begann zu winseln und Areg um Erbarmen anzuflehn. »Bist du der Mann, der als Mädchen geboren wurde? So habe Erbarmen mit mir und gib mir meine Zauberstäbe zurück.« Areg aber hob die Stäbe auf und verwandelte die Alte zuerst in einen Esel. Dann nahm er einen zweiten Stab und verwandelte sie in ein Schwein. Grunzend wälzte sie sich am Boden. Schließlich hob er noch einen dritten Stab und da verwandelte er sie in eine Krähe, und die flog krächzend davon.
Areg wurde gefeiert wie ein großer Held, und er mußte die Nacht im Schlosse verbringen. Da aber träumte ihm, Nunufar wäre dem Tode nahe und läge im Sterben. Er erwachte, war sehr erschrocken, sattelte noch in der Nacht sein Roß und verließ heimlich die Stadt. Ohne Hindernisse, ohne sich

zu verirren, kam er viel rascher als er gehofft hatte zum Kaiserschloß zurück. Und wirklich, Nunufar war kränker und kränker geworden, so sehr grämte sie sich, weil die Frau des Ministers Areg nach dem Wasser des Lebens geschickt hatte. Sie hatte schon alle Hoffnung aufgegeben, ihn je wiederzusehen. Areg aber sprang sofort von seinem Roß und eilte nach den Gemächern der Kaisertochter. Er träufelte ihr vom Wasser des Lebens ein, und siehe, da schlug sie die Augen auf und Farbe kam in ihr Gesicht zurück. Der Kaiser umarmte Areg vor Dankbarkeit.

Schon am andern Tag heiratete Areg Nunufar und vierzig Tage und vierzig Nächte dauerte die Hochzeit. Nach der Hochzeit aber nahm er ein Boot und fuhr mit seiner jungen Frau auf den See hinaus. Dort, inmitten des Sees, versenkte er die Zauberstäbe der bösen Hexe in die Fluten und da ruhen sie noch heute und können nicht mehr zaubern.

5. November

Der Messerprinz

Es waren einmal ein Zar und eine Zarin, die hatten zehn Jahre lang kein Kind, und die Zarin fing jedesmal an zu weinen, wenn sie Kinder sah. Einmal sah sie einen Mann, der hatte sieben Kinder und ging betteln, um die Kinder zu ernähren. Er kam auch vor die Türe der Zarin; sie gab ihm Geld und Brot und war sehr betrübt, daß sie keine Kinder hatte. Ein alter Mann mit weißem Bart sah, wie die Zarin weinte, als sie die Kinder des Bettlers sah.

»Warum weinst du so sehr?« fragte der Alte.

»Gott hat dem Kinder gegeben, der sie nicht ernähren kann, und ich, die sie nähren und kleiden könnte, habe keine.«

Da sagte der Alte: »Wenn du mich zum Gevatter nimmst, will ich dir ein Kind geben.«

»Warum nicht? Gerne nehme ich dich zum Gevatter.«
Da gab ihr der Alte einen Apfel und sagte: »Eine Hälfte mußt du essen und die andere dem Zaren geben.«
Die Zarin tat, wie der Alte sie geheißen hatte, und nach neun Monaten bekam sie einen Knaben.
Bis zum zehnten Lebensjahr aber hatten sie ihm noch keinen Namen gegeben, und sie schickten ihn auch ohne Namen in die Schule. Der Junge aber wurde ein Teufelskerl. Traf er auf dem Schulweg einen Menschen, so schlug er ihn nieder.
Die Rinder, die auf die Weide getrieben wurden, die zog er am Schwanz und schleuderte sie zur Seite. Da klagten die Hirten beim Zaren über ihn und baten: »Schütze uns!«
Als der Junge aus der Schule kam, sagte der Zar zu ihm: »Warum schlägst du das Vieh, die Leute haben sich beklagt über dich.«
Da antwortete der Junge: »Ich mag nicht daheim bleiben, ich will fort. Gib mir ein Pferd und Geld, ich will mich mit irgendwem im Ringkampf messen.«
Der Zar aber sagte: »Ich lasse dich nicht fort. Schlage kein Vieh und keinen Menschen mehr und gehe weiter zur Schule.«
Die Schulkinder aber riefen ihm nach: »Namenlos, Namenlos«, denn er hatte noch immer keinen Namen.
Als der Junge aus der Schule kam, ging er zu seiner Mutter und sagte: »Ich habe keinen Namen, ich will fort von hier.«
Da sagte die Mutter: »Wenn du gern einen Namen haben willst, so wollen wir dir einen geben.«
Sie ging zum Zaren und sagte zu ihm: »Das Kind will einen Namen haben. Ich gab dir einmal einen Apfel zu essen. Ein Alter schenkte ihn mir und vesprach mir ein Kind, wenn ich ihn zum Gevatter nähme.«
Da sagte der Zar: »Ach, so ist das. Aber wo finden wir ihn nun?«
»Er geht jeden Tag an unserm Schloß vorbei.«
»So halte ihn an, wenn er vorbeikommt«, sagte der Zar.
Und am Abend darauf schoß man mit Kanonen, da der

Zarensohn einen Namen bekommen sollte, und der Zar hatte Gäste dazu eingeladen, und am Morgen waren alle Zimmer voller Leute.

Die Zarin aber hielt den Atem an, denn auch der Alte war dort und sagte zum Zaren: »Mach ein Zimmer ganz leer.«

Das geschah. Der Alte ging in das Zimmer und sagte: »Bring mir das Kind so, wie es die Mutter geboren hat.«

Und da brachten sie ihm das Kind, ganz nackt. Er aber kleidete es in goldene Gewänder, stach ihm ein spitzes Messer ins rechte Bein und gab ihm den Namen ›Messerprinz‹.

Als die Leute ihn so über und über in Gold gekleidet sahen, gerieten sie ganz außer sich, sogar der Alte. Er aber ging davon.

Nun schickte der Zar seinen Jungen aufs neue in die Schule. Der aber war noch immer der reine Teufel und prügelte alle Kinder. Sie klagten es dem Zaren und er verbot es seinem Sohn. Aber es war einmal von Gott so in den Jungen gelegt; er konnte es nicht aushalten und sagte zu seinem Vater: »Ich bin voll Unruhe und kann es nicht anders. Gebt mir ein Pferd, einen Sack Gold, dann will ich fort.«

Da gab ihm der Zar was er verlangte, und der Junge zog fort und kam an ein Gebirge. Da begegnete ihm einer, der vom Gebirge herunter kam. Weit holte er mit dem Fuß aus und stürzte die Buchen um.

Messerprinz sagte zu ihm: »Wer bist du?«

»Ich bin ein Mensch und du?«

»Ich bin auch ein Mensch. Aber sage mir, wohin gehst du?«

»Ich gehe zu einem Zarensohn. Er heißt Messerprinz und mit ihm will ich ringen.«

»So versuch es erst einmal mit mir«, sagte Messerprinz.

Der andere sagte: »Ja.«

Sie rangen drei Tage und drei Nächte und keiner kam zu Fall.

Da sagte Messerprinz: »Komm, laß uns Brüderschaft schließen. Ich bin Messerprinz.«

Der andere war einverstanden. Messerprinz fragte ihn: »Was für eine Heldenkraft hast du?«
Der andere antwortete: »Ich weiß alles, was es auf der Welt gibt. Und was hast du für eine Heldenkraft?«
»Ich habe im rechten Bein ein Messer. Zieht ein andrer mir das heraus, so sterbe ich; ziehe ich es mir selber heraus, muß ich nicht sterben; schleudere ich es aber, so kann mir nichts widerstehen.«
Da schlossen sie Brüderschaft. Sie gingen zusammen weiter und kamen wieder an einen Berg.
Da sahen sie einen herabkommen.
»Wer bist du?« fragten sie.
»Ich bin ein Mensch, und was seid ihr?«
»Wir sind auch Menschen. Aber wohin gehst du?«
»Ich gehe zu Messerprinz und will mit ihm ringen.«
»Komm, versuch es erst einmal mit mir.«
Da rangen sie drei Tage und drei Nächte und keiner kam zu Fall.
Messerprinz sagte zu ihm: »Komm, schließen wir Brüderschaft.«
Der war einverstanden und Messerprinz fragte ihn: »Was für eine Heldenkraft hast du?«
»Ich kann mitten durchs Meer einen Weg bahnen«, antwortete er.
»Und was hast du für eine?«
»Ich habe im rechten Bein ein Messer; zieht mir das einer heraus, so muß ich sterben, ziehe ich es selber heraus, sterbe ich nicht, aber wenn ich's schleudere, kann mir nichts widerstehen.« Da schlossen die drei Brüderschaft.
Der eine, der alles auf der Welt wußte, sagte nun zu dem Prinzen: »Hör, an dem und dem Ort ist ein Feuer. Ein Held ist, wer darüberspringt. Doch es kommt keiner hinüber. Wer aber hinüberspringt, bekommt die Zarentochter.«
»Kommt, laßt uns dorthin gehen«, sagte der Messerprinz.
Sie kamen hin, und Messerprinz fragte die Feuerspringer: »Ist es auch uns erlaubt, zu springen?«

Sie antworteten: »Warum nicht. Wer springen kann, soll springen.«
Da sprang Messerprinz über das Feuer, und sie gaben ihm die Zarentochter.
Er aber sagte: »Sie soll mir eine Schwester sein in dieser und in jener Welt. Gebt ihr sie mir, soll sie mein ältester Blutsbruder haben, sonst laßt sie hier.«
Sie gaben sie ihm, und Messerprinz richtete seinem Bruder ein Haus ein, gab ihm eines von seinen Haaren und sagte: »Höre mein Bruder, wenn aus diesem Haar Blut fließt, so weißt du, daß ich tot bin.«
Dann ging er mit dem jüngeren Bruder weiter und sie sahen an einer Stelle, wie Leute versuchten über einen Fluß zu springen, damit wer hinüberkäme, die Zarentochter bekommen sollte. Da nahm Messerprinz einen Esel, lud ihn auf seine Schulter und sprang über den Fluß. Sie wollten ihm die Zarentochter geben; er aber sagte: »Sie soll mir eine Schwester sein in dieser und jener Welt, doch wenn ihr sie mir für meinen Bruder geben wollt, so will ich sie nehmen.«
Das taten sie. Er richtete diesem Bruder ein Wohnhaus ein, genau wie dem andern, gab auch ihm ein Haar und zog weiter.
Da teilte sich der Weg, und an der Kreuzung lag ein Stein mit einer Inschrift. Messerprinz las:

»Wer diesen Weg geht, kehrt zurück,
Wer jenen geht, kehrt nicht zurück.«

Da sagte Messerprinz: »Ich will jenen Weg gehen, wo man nicht zurückkommt, daran wird man erkennen, daß ich ein Held bin.«
Das tat er und unterwegs traf er drei Laminen, schleuderte seine Keule und erschlug sie alle drei. Er ging weiter und traf noch weitere sechs. Er dachte: ›Ich will lieber mein Messer nach ihnen werfen.‹ Doch dann meinte er: ›Nein, nicht das

Messer, lieber nochmals die Keule.‹ Schleuderte seine Keule und erschlug alle sechs.
Wieder ging er weiter und wieder traf er eine Lamia. Sie war so hoch wie drei Minarette zusammen. Da sprach er bei sich: ›Werfe ich so, daß ich ihre Füße treffe, so fällt sie auf mich und erschlägt mich.‹ Er warf so, daß er ihren Kopf traf, sie fiel hin und und er zog sein Messer und tötete sie.
Am gleichen Platze aber war ein Palast mit fünfzig Stuben. Er betrat den Palast, ging von Stube zu Stube, neunundvierzig fand er offen und eine verschlossen. Da stieß er mit dem Fuß an die Tür und öffnete sie. Darinnen war ein Mädchen. Sie war zugedeckt, er aber deckte sie auf und sagte: »Steh auf!«
Sie aber rief: »Lauf fort, die Lamia wird dich auffressen.«
»Die Lamia habe ich erschlagen«, sagte er.
»Wie solltest du die Lamia erschlagen haben, ich glaube es nicht.«
»Steh auf, dann kannst du's sehen!«
Und als sie dahin gingen, sah sie, die Lamia war wirklich erschlagen.
Da kamen drei Schiffe, um das Mädchen zu holen. Messerprinz sah dies und sprach zu dem Mädchen: »Gib acht, ich lasse sie kentern.«
Das Mädchen aber sagte: »Lauf, lauf, die Schiffsleute werden dich erschlagen.«
Er hörte nicht darauf und brachte zwei Schiffe zum Kentern. Das dritte entkam. Da gingen die Schiffsleute zum Zaren und sprachen: »Die Lamien waren nicht mehr dort, aber ein junger Mann ließ uns nicht heran.«
Das hörte ein altes Weib, lachte und sagte: »Wenn es sich um einen jungen Mann handelt, so will ich ihn schon überlisten. Legt mich in eine Kiste und bringt mich zu dem Palast. Wenn ich dort bin und ihn überlistet habe, stecke ich ein Handtuch als Fahne auf. Kommt dann nach.«
Sie taten, wie das alte Weib sie geheißen hatte. Der junge Mann und das junge Mädchen gingen gerade am Strand spazieren, da sahen sie die Kiste liegen.

Er sagte: »Gib acht, sieh, wie ich die Kiste wegschleudere.«
»Tu es nicht«, bat sie, »vielleicht sind Schüsseln darinnen. Wir wollen uns doch Essen herrichten.«
Da öffneten sie die Kiste und was sahen sie? Eine Alte steckte darin! Das Mädchen meinte: »Wir wollen sie mit nach Hause nehmen, sie soll unsere Dienerin sein.«
Er aber sagte: »Nein, ich will sie fortschleudern.«
Doch das Mädchen bat ihn so lange, bis er nachgab. Und da nahmen sie die Alte mit sich. Da fragte die Alte das Mädchen: »Was für eine Heldenkraft hat dein Mann?«
»Ich weiß es nicht«, antwortete das Mädchen.
»Oh, oh«, lachte die Alte, »wenn er dir das nicht erzählt hat, liebt er dich nicht.«
Da ging das Mädchen zu ihm und fragte ihn: »Was für eine Heldenkraft hast du?«
Er antwortete: »Ich habe ein Messer im rechten Bein stekken, wenn mir das ein andrer herauszieht, muß ich sterben, doch wenn ich es selber herausziehe, sterbe ich nicht.«
Das Mädchen erzählte es der Alten. Am Abend tat die Alte so, als schüttele sie das Fieber, und sie klagte und jammerte vor dem Mädchen.
»Wir wollen die Alte zu uns in die Stube nehmen, damit sie nicht einsam stirbt«, bat das Mädchen den Mann.
Er antwortete: »Nein, die Alte liegt nicht im Sterben, meine Liebe.«
Das Mädchen aber blieb dabei: »Wir wollen es tun, es wäre sonst Sünde.«
Da nahmen sie die Alte zu sich. Die Alte aber zog dem Mann, als er eingeschlafen war, das Messer aus dem rechten Bein, und er starb.
Nun ging die Alte und steckte ein Tuch als Fahne auf, und die Schiffsleute kamen und nahmen das Mädchen mit.
»Wartet noch«, bat das Mädchen, »laßt mich ihn zudecken und die Stube abschließen.«
Das erlaubten sie und dann nahmen sie es mit sich.
Nun floß Blut aus den Haaren, die er den beiden Brüdern

zurückgelassen hatte, und sie machten sich auf den Weg, ihn zu suchen. Sie sahen den Stein und lasen die Inschrift:

»Wer diesen Weg geht, kehrt zurück,
Wer jenen geht, kehrt nicht zurück.«

»Er ist den Weg gegangen, auf dem man nicht zurückkommt«, sagten sie.

Und so gingen sie jenen Weg. Zuerst fanden sie die drei erschlagenen Lamien, dann die sechs und zuletzt die riesenhafte. Also wußten sie, daß Messerprinz nicht von ihnen aufgefressen worden war.

Als sie in den Palast kamen, fanden sie die neunundvierzig offenen Zimmer und das eine verschlossene. Das öffneten sie und fanden ihn darin.

Da sagte der eine, der alles auf der Welt wußte, zu dem andern, der einen Weg durchs Meer bahnen konnte: »Bahne einen Weg durch das Meer!« Denn er wußte, daß die Alte das Messer in das Meer geworfen hatte.

Der andere tat es, sie fanden das Messer, kehrten zurück und steckten es Messerprinz wieder ins Bein.

Da wachte er auf und sprach: »Ach, was habe ich tief geschlafen. Aber wo kommt ihr her, was habt ihr mit dem Mädchen gemacht?«

Und der, der alles wußte, wußte auch, daß der Zar das Mädchen fortgeholt hatte.

Messerprinz befahl seinem Bruder: »Bahne einen Weg durch das Meer.«

Neun Tagesreisen waren es von dem Palast bis zum Zaren. Sechs Tagesreisen hatten sie schon auf dem Meerweg zurückgelegt. Noch immer blieben drei.
Der Zar wollte das Mädchen heiraten.
»Laß mich ihn neun Tage betrauern, eher heirate ich dich nicht«, hatte das Mädchen gebeten. Noch drei Tage brauchten sie, und Messerprinz bat seine Brüder: »Laßt uns eilen.« So kamen sie vor das Zarenschloß. Da sah Messerprinz das Mädchen am Fenster sitzen, und er sprang ans Land und eilte zu ihr. Als die Alte ihn sah, fiel sie unter den Tisch. Messerprinz ergriff die Alte und schlug sie tot. Der Zar aber ging gerade im Haus herum. Da suchte er den Zaren und wollte auch ihn erschlagen.
Der Zar aber bat: »Ich will dir neun Lasten Gold geben, töte mich nicht.«
Und so geschah es: Messerprinz nahm das Gold und das Mädchen; drei Lasten gab er dem ältesten Bruder, drei dem jüngeren, drei behielt er für sich und dann ging jeder dorthin, wo er zu Hause war.

6. November

Der Löwe und der Hase

In der Umgegend von Bagdad war eine Wiese. Auf dieser Wiese hatten sich viele wilde Tiere niedergelassen. Hier lebte ein blutgieriger Löwe, der ihnen das Leben verbitterte. Jeden Tag erbeutete er ein paar von ihnen.
Eines Tages gingen sie zu dem Löwen und sagten in aller Demut und Unterwürfigkeit: »Wir sind die Diener des Königs der Tiere. Wir sind jeden Tag in Aufregung, ob du wohl einen von uns erbeutest oder nicht, und auch du bist belästigt, wenn du uns verfolgen mußt. Wir sind also aus Rücksicht auf deine Bequemlichkeit und auf unsere Ruhe

und Sicherheit auf den Gedanken gekommen, dir, wenn du uns nicht weiter verfolgst, jeden Tag zur Mahlzeit in deine Küche eine Beute zu schicken. Wir werden diese Verpflichtung gewissenhaft ausführen.« Der Löwe war damit einverstanden.
Sie kamen also überein, daß jeden Tag das Los geworfen und daß der, den es träfe, in die Küche des Löwen geschickt werde. So verging einige Zeit. Eines Tages fiel das Los auf den Hasen.
Dieser sagte nach einigem Nachdenken: »Wenn ihr etwas warten wollt, bevor ihr mich schickt, so denke ich, daß ich euch alle von der gewaltigen Faust dieses Tyrannen befreien kann.«
Alle Tiere waren damit einverstanden. Der Hase wartete so lange, bis die Stunde des Frühstücks vorüber war. Der Zorn des Löwen wurde durch den Hunger aufs äußerste erregt, bald stand er auf, bald setzte er sich hin und schlug die Zähne aufeinander. Sein Gebrüll drang bis zum Himmel. Da näherte sich der Hase leise dem Löwen. Der war sehr aufgeregt, schlug vor Zorn den Boden mit seinem Schweife und wollte den Vertrag lösen. Der Hase kam leise noch näher und grüßte mit aller Unterwürfigkeit.
Der Löwe sagte: »Woher kommst du, und was weißt du von den Tieren?«
Der Hase erwiderte: »Nach unserem alten Vertrage schickten sie mit mir einen Hasen in die königliche Küche. Während ich mit ihm unterwegs war, kam uns im Walde ein wilder Löwe entgegen und nahm mir den Hasen aus der Hand. So sehr ich auch rief: ›Dieser Hase ist die Nahrung des Königs der Tiere‹, er hörte gar nicht zu und kümmerte sich nicht um mich. Er gebrauchte die ärgsten Schimpfworte und sagte: ›Weißt du nicht, daß dieser Wald mein Jagdplatz ist und die Beute nur mir zukommt?‹ Er schmähte auch den König und gebrauchte solche Worte, daß ich erschreckt war. Schließlich lief ich weg und kam in Eile hierher, damit ich den Fall deiner hohen Einsicht unterbreite.«

Als der Löwe dies hörte, sagte er im höchsten Zorne: »Hase, kannst du ihn mir zeigen, damit du siehst, wie ich dir zu deinem Rechte verhelfe und mich räche?«

Der Hase antwortete: »Wie sollte ich das nicht können?« und ging voraus.

Der einfältige Löwe ließ sich von dem Hasen täuschen und folgte ihm. Der Hase führte den Löwen an den Rand eines tiefen Brunnens. Sein Wasser war so klar, daß er die Spiegelbilder der Hereinschauenden deutlich und ohne Fehler widergab, so klar wie ein chinesischer Spiegel.

Dann sagte der Hase: »König, dein Feind ist in diesem Brunnen. Ich fürchte mich vor ihm. Wenn der König mich zu sich nimmt, will ich ihm den Feind zeigen.« Der König nahm den Hasen in seinen Arm und schaute in den Brunnen. Als er sich und den Hasen im Wasser sah, dachte er, es wäre der böse Löwe mit dem Hasen, der ihm selbst geschickt war. Sofort ließ er den Hasen los, stürzte sich in den Brunnen und versank.

Der Hase kehrte wohlbehalten heim und erzählte den Tieren die Geschichte.

7. November

Sonne, Mond und Hahn

Die drei Götterkinder Sonne, Mond und Hahn lebten anfangs als Brüder einträchtig beeinander.
Eines Tages ging die Sonne aus, Mond und Hahn blieben zu Hause. Da befahl der Mond dem Hahn, er möchte die Rinder hereinholen, doch der weigerte sich. Der Mond wurde darob böse, faßte ihn beim Schopf und warf ihn auf die Erde hinunter.

Als die Sonne heimkam, erzählte der Mond ihr den Vorfall. Die Sonne wurde betrübt und sagte: »Du kannst nicht in Eintracht leben; schön, dann will ich auch nicht mehr mit dir ausgehen. Fortan gehört dir die Nacht und du darfst erst des Abends ausgehen. Der Tag jedoch ist mein. Und der Hahn wird mich niemals vergessen, denn ich habe ihn nicht ver-

trieben und liebe ihn noch immer. Auch will ich's nicht haben, daß er ausgeht oder kräht, wenn du unterwegs bist.«
Der Hahn befolgte die Anweisungen der Sonne. Jedesmal wenn die Sonne morgens aufsteht, freut er sich, sie zu sehen; er erinnert sich daran, daß sie sein älterer Bruder ist, er schaut zu ihr auf und ruft den Tag über unaufhörlich ›Kikeriki!‹ zur Begrüßung.
Aber wenn die Sonne untergegangen und der Mond an der Reihe ist, dann begibt sich der Hahn schnell ins Haus, um den Mond nicht zu sehen.

8. November

Der Elbenkönig auf Selö

Eines Sommers konnten die Leute von Holmar, die zum Fischen auf Selö waren, nicht alle getrockneten Fische nach dem Festland bringen, weil das Wetter zu schlecht wurde. Erst im Herbst wurde das Seewetter wieder gut, und sie holten den Rest. Dabei ging einer von ihnen, und zwar der Knecht des Pfarrers, nach der anderen Seite der Insel. Er wollte sehen, ob dort vielleicht etwas an den Strand gespült worden sei. Da schlug das Wetter wieder um, die anderen beeilten sich, heim zu kommen, und ließen den Mann zurück. Nasser Schnee fiel; der Mann ging zur Fischerhütte, hatte nichs zu essen und gab sein Leben verloren. Als er wieder aus der Hütte trat, sah er vor sich einen freundlichen Stern. Aber er sagte sich, ein Stern könne das bei diesem Schneewetter nicht sein. Er hielt es für ein erleuchtetes Fenster, lief hin und kam an ein Haus, so prächtig wie eine Königshalle.
Da hörte er, wie drinnen jemand sagte: »Ja, denkt euch, ihr Mädchen, da ist der arme Kerl, den sie heute auf der Insel zurückgelassen haben, an unser Haus gekommen; geht, holt ihn herein, er soll nicht vor meiner Tür sterben!«

Da kam ein junges Mädchen heraus, führte ihn hinein und hieß ihn die Schneekleider ablegen. Sie gingen eine hohe Treppe hinauf in einen schönen gold- und edelsteingeschmückten Saal. Da saßen viele Frauen, und eine war die schönste von allen. Er begrüßte sie alle höflich, und sie antworteten freundlich. Dann führte ihn das schöne Mädchen in eine kleine prächtige Kammer, brachte ihm Wein und Speisen und ging wieder fort. – Wo sein Schlaflager war, wird nicht erzählt. – Am Morgen kam das Mädchen und sagte, sie könne ihm nicht selber Gesellschaft leisten, brachte ihm aber allerhand Dinge zum Zeitvertreib.

So verstrich der Winter bis Weihnachten. Am Heiligen Abend kam das schöne Mädchen zu ihm und sagte: »Wenn du glaubst, daß ich dir Gutes erwies, dann erfülle mir eine Bitte. Morgen wird Tanz sein, mein Vater wird mich zum Zuschauen hinausrufen. Da darfst du nicht neugierig sein und nicht zum Fenster hinaussehen. Drinnen hast du Kurzweil genug.« Das versprach er ihr auch. Und am Weihnachtsmorgen brachte sie ihm Speisen und Wein und allerhand Dinge zum Zeitvertreib und dann ging sie wieder.

Alsbald hörte er Gesang und Saitenspiel. Er dachte sich, das müsse ein großes Vergnügen sein, konnte nicht lange widerstehen, kletterte zum Fenster hinauf und sah hinaus. Eine große Menge Leute tanzte und spielte allerhand Saitenspiel. Mittendrin saß ein königlicher Mann mit einer Krone auf dem Haupt, rechts und links von ihm eine Frauengestalt. Er meinte, dies sei der König nebst Gemahlin und Tochter, denn die erkannte er gut. Dann verließ er das Fenster, der Tanz dauerte bis zur Nacht.

Aber als das Mädchen am Abend zu ihm kam, war sie ungewöhnlich still, sagte, er habe sein Versprechen nicht gehalten, doch habe ihr Vater zum Glück noch nichts davon gemerkt.

Nun ging es so bis Neujahr, und am Silvesterabend sagte sie ihm wieder, morgen gehe sie mit ihrem Vater zum Tanz und er solle bestimmt an sein Versprechen denken. Er gelobte es

hoch und teuer; sie brachte ihm Wein und Speisen und allerhand Kurzweil und verließ ihn dann.
Am Morgen begann ein noch größerer Festjubel als zu Weihnachten. Erst saß der Bursche ruhig da, aber dann konnte er nicht länger widerstehen und sah hinaus. Der Tanz war noch schöner und viele prächtige Ritter bewegten sich vor dem Königspaar. Dann verließ er das Fenster schnell und glaubte, es habe ihn niemand gesehen.
Als die Königstochter aber am Abend kam, war sie sehr unwillig und machte ihm heftige Vorwürfe. Trotzdem blieb sie gut zu ihm wie zuvor.
So verstrich der Winter bis zum Osterfest. Am Ostersonnabend bat sie ihn freundlich, doch ja nicht neugierig zu sein, auch wenn die Freude draußen noch so groß wäre. Denn wenn ihr Vater merke, daß sie einen Mann bei sich hätte, sei ihr Leben verloren.
Am Ostermorgen brachte sie ihm wieder alles, was er sich nur wünschen konnte. Das Fest fing laut und fröhlich an wie früher. Schließlich wurde ihm die Einsamkeit langweilig, und er ging in das nächste Zimmer. Wenn er dort hinausblicke, glaubte er, werde sie es nicht merken. Er sah schnell hinaus und sah dasselbe wie zu Neujahr. Dann hielt er sich in seiner Kammer auf, bis das Mädchen zu ihm kam.
Sie aber war zornig und sagte: »Du hast mich betrogen wie das erste Mal. Wieviel mein Vater weiß, kann ich nicht sagen, aber schon ist er unfreundlicher gegen mich als sonst. Ich dachte nicht, daß du so wenig treu sein könntest; aber du wirst es später in anderen Dingen gewiß ebensowenig sein.«
Nun ging es auf den Sommer zu und am letzten Winterabend kam sie zu ihm und sagte: »Morgen kommen die Leute vom Festland, um dich zu holen, und deshalb sollst du zu der Fischerhütte gehen. Aber wenn du mir ein wenig dankbar dafür bist, daß ich dich im Winter versorgt habe, so bitte ich dich, als Vater das Kind anzuerkennen, das ich bekommen werde, sonst ist mein Leben verloren und der König läßt mich töten, wenn ich dem Kinde keinen Vater

geben kann; andernfalls wirst du mir das Leben schenken.« Um nichts anderes und nur um dies eine bat sie ihn: »Möchtest du mir doch darin treu sein!«
Der Mann versprach es hoch und teuer.
Sie nahmen Abschied, er dankte ihr für alles und ging.
Als er sich kurz darauf umsah, war die Halle verschwunden. Nur steinige Hügel und Felsblöcke waren da, und er ging nach der Fischerhütte. Es war gutes Wetter, und bald sah er ein Schiff kommen. Als die Leute landeten, ging er ihnen entgegen. Sie fürchteten sich, als sie ihn erblickten, denn er war dick und rund, und sie glaubten daher, er sei ein Gespenst, denn sie meinten, er wäre im Winter gestorben. Sie wagten nicht, mit ihm zu reden oder zu ihm zu gehen. Schließlich stieg der Vormann an Land und fragte ihn, ob er ein lebendiger Mensch oder ein Wiedergänger sei oder ob er der Mann sei, den sie im Herbst auf der Insel zurückgelassen hätten.
Er sagte, er sei der nämliche Mann.
Ja, wieso er denn nicht verhungert sei? »Nun, der Seetang von Selö ist auch nicht schlechter als die Wassergrütze von Holmar«, sagte der Inselmann.
Mehr wollte er nicht erzählen, ging an Bord, und sie ruderten heim. Alle verwunderten sich, daß er noch am Leben war, aber die Leute bekamen nichts aus ihm heraus.
Eines schönen Sonntags spät im Sommer waren viele Leute zur Kirche gekommen, und auch der Knecht war beim Gottesdienst. Aber als sie alle in der Kirche beisammen waren, der Pfarrer mit der ganzen Gemeinde, stand plötzlich eine Kinderwiege vor dem Altar, und eine goldgestickte Decke war über das Kind gebreitet. Kein Mensch war dabei zu sehen, nur eine schöne Frauenhand ruhte auf dem Wiegenrand. Darüber verwunderten sich alle, und sahen einander an.
Der Pfarrer aber ergriff das Wort und sagte: »Dies Kind will getauft werden, es wird wohl irgend jemand hier in der Kirche sein, dem es zugehört. Am ehesten wird das wohl der

Knecht sein, man wird es ihm jetzt von Selö hergeschickt haben.«
Der Knecht aber leugnete alles ab.
Der Pfarrer wollte es trotzdem auf den Namen des Knechtes taufen, der jedoch wies das auf das entschiedenste von sich und sagte, er habe mit der Angelegenheit nichts zu tun.
Der Pfarrer meinte, ohne irgendeine menschliche Hilfe könne er doch nicht auf der Insel überwintert haben.

Der Knecht aber sagte: »Ich werde das Kind nun und nimmer als das meinige anerkennen«, und er verbot dem Pfarrer, es auf seinen Namen zu taufen.
Da verschwand das Kind; ein lautes Weinen war vernehmbar, und man hörte, wie der Klagelaut sich aus der Kirche entfernte. Der Pfarrer und alle Leute gingen dem Weinen nach. Sie hörten, wie es sich in der Richtung nach der See zu verlor. Die kostbare Decke aber lag auf dem Boden und war auf Holmar noch lange Zeit in Gebrauch.
Die Leute wunderten sich alle über den Vorfall, und am meisten war der Pfarrer davon bewegt. Der Knecht ist später in Schwermut verfallen. Und als ihn der Pfarrer nach der Ursache fragte, erzählte er ihm, daß er den Winter über bei einem König und seiner Tochter geweilt und wie es ihn sein

Leben lang gereuen würde, das Kind nicht anerkannt zu haben. Der Knecht wurde niemals wieder derselbe wie früher, und damit schließt die Geschichte vom Elbenkönig auf Selö.

9. November

Die getreue Frau

Ein König hatte eine Tochter, die war überaus schön von Angesicht und hatte eine gar feine und zarte Haut; wenn sie roten Wein trank, konnte man sehen, wie er ihr durch den Hals herunterlief. Die Welt war so erfüllt von dem Ruf ihrer Schönheit, daß selbst des Sultans Sohn aus der Türkei kam und um ihre Hand anhielt. Sie wollte jedoch nichts von ihm wissen.

Zu gleicher Zeit lebte in einem anderen Königreich ein König, der hatte drei Söhne. Da er nicht wußte, wem von ihnen er nach seinem Tode das Königreich übergeben solle, so sprach er: »Geht auf Reisen, und wer von euch mir das Schönste mitbringt, der wird König.«

Sie zogen sofort aus, doch gereute es sie schon am dritten Tage, und die beiden Jüngsten sprachen zum Ältesten: »Lieber Bruder, gehe du nach Hause zurück und tritt die Regierung an, wir wollen in die Welt hinausziehen und sehen, wo unser Glück blüht.«

Sprach der Älteste: »Ich kann euch nicht ziehen lassen, wenn ihr mir nicht versprecht, treu zusammenzuhalten in Freud und Leid und euch nicht voneinander zu trennen. Sobald ihr euer Glück gefunden habt, kommt zurück, damit ich mich mit euch darüber freue.« Darauf gaben sie sich die Hände und schieden voneinander.

Nach langem Reisen kamen sie in das Königreich, wo die schöne Prinzessin wohnte. Da gefiel es ihnen sehr gut, und sie beschlossen, dort zu bleiben; der eine wollte den Seedienst lernen, der andere in die Landarmee eintreten. Da sie so schöne Leute waren, nahm der König sie alsbald an, und sie waren so gewandt und geschickt, daß der Ältere in kurzer Zeit Kapitän und der Jüngere Oberst wurde.

Sie hatten viel Geld von Hause mitgenommen und brauchten nicht zu knausern. Sie führten ein herrliches Leben. Da war kein Mangel an Dienerschaft und Pferden und Wagen; jeden Tag fuhren sie um Mittag aus, und jeden Tag der Woche in einem anderen Wagen mit sechs anderen Pferden und anderen Bedienten. Sie kamen dabei stets an dem Schlosse des Königs vorüber, und da wurde die schöne Prinzessin aufmerksam auf sie und trat jedesmal an das Fenster. Der jüngste der beiden Prinzen, der auch der schönste war, gefiehl ihr gar sehr, und sie gewann ihn mit jedem Tag lieber, so daß sie zu guter Letzt meinte, nicht ohne ihn leben zu können. Sie mochte es aber niemandem sagen, denn sie war gar stolz, und da sie alles so in sich verbergen mußte, fiel sie zuletzt in eine schwere Krankheit. Alle Ärzte im Lande mußten herbei, doch ihre Arzneien halfen nichts, und es wurde von Tag zu Tag schlimmer mit ihr. Da ließ sich endlich ein uralter Mann am Hofe melden, der hatte die ganze Welt bereist und kannte alle Kräuter; er hatte einen Trank gefunden, der jede Krankheit auf der Stelle heilte, wenn sie auch noch so gefährlich war. Der König führte ihn zu der Prinzessin, und kaum hatte der Alte sie gesehen, so sprach er: »Ich kann ihr helfen, aber ich muß mit ihr allein sein.« Als der König fortgegangen war, gab ihr der Alte einen stärkenden Trank, dann sagte er: »Ihr habt kein körperliches Leiden, sondern eine Herzenskrankheit, und ich kann Euch nur helfen, wenn Ihr mir aufrichtig bekennt, was Euch drückt.«

Anfangs wollte die Prinzessin nicht mit der Sprache heraus, aber der Alte wußte ihr Vertrauen zu gewinnen, daß sie ihm endlich alles bekannte. Doch bat sie ihn, sich nur nichts davon merken zu lassen.

Da ging der Alte zum König und sprach: »Ich habe die Krankheit wohl überwunden, aber es bleibt noch eine Schwäche zurück. Wenn die Prinzessin jetzt viel Leute sieht und die rechten Leute, die ihr schön erzählen und sie zu unterhalten wissen, dann ist die Schwäche auch bald behoben, denn dann denkt sie nicht darüber nach.«
»Wen will sie denn sehen?« fragte der König. »Von all meinen Hofherren will sie nichts wissen.«
»Wen, das weiß ich nicht«, sprach der Alte, »aber es sind zwei vornehme Herren in der Stadt, einer ist Kapitän und der andere Oberst; die könntet ihr einladen.«
Der König freute sich über den guten Rat und sandte sogleich einen Bedienten zu den beiden Prinzen, um sie zum Mittagessen einzuladen.
Als der Bediente seinen Auftrag ausrichtete, gaben die Prinzen ihm keine Antwort; sie sagten zu dem Wirt: »Halte wie immer das Essen bereit.« Sie aßen wie immer zu Mittag, dann fuhren sie aus und an dem Schlosse des Königs vorbei.
Als der König das sah, schallt er den Bedienten, er habe wohl die Einladung nicht gehörig ausgerichtet. Doch der sagte, das sei geschehen, die Herren hätten ihm aber keine Antwort gegeben.
Da setzte sich der König am andern Morgen selber in seinen Wagen und fuhr zu den Prinzen, lud sie zu sich zu Tische und fragte auch, warum sie am vorigen Tage nicht gekommen seien.
Da sprachen sie: »Wenn wir so etwas auszurichten haben, tun wir es selbst.«
Das freute den König, denn er ahnte, da sie so stolz wären, müßten sie wohl von vornehmer Herkunft sein, und er fragte sie, wer sie denn eigentlich seien? Als er nun von ihrer Abstammung hörte, da war er gar außer sich vor Freude und meinte, sie dürften nicht mehr in dem Wirtshaus wohnen, sondern müßten in seinen Palast ziehen. Das taten sie, und als sie hinkamen, da war schon die Tafel gedeckt und alles

aufs schönste bereitet. Beide mußten dem König bei Tische gegenüber sitzen.
Jetzt kam die Prinzessin, und als sie die beiden sah, zeigte sie in dem Augenblick auf den jüngeren und sagte: »Lieber Vater, diesen Jüngling erbitte ich mir zum Gemahl.«
Als der Jüngste sie nun in ihrer ganzen Holdseligkeit sah, erwachte auch in seinem Herzen die Liebe zu ihr, und die Vermählung ließ nicht lange auf sich warten; so wurden die beiden das glücklichste Paar auf Gottes Erdboden.
Ein paar Jahre hatten sie so miteinander gelebt, da sprach der Ältere: »Lieber Bruder, ich habe den Seedienst nicht umsonst gelernt und kann es auf dem Lande nicht länger aushalten. Zudem finde ich hier mein Glück nicht, darum muß ich es anderswo suchen und will auf einem Schiffe gegen die Seeräuber segeln.«
»Tu das nicht«, sprach der Jüngste, »du weißt doch wohl, daß wir unserem Bruder versprochen haben, nicht voneinander zu weichen in Freud und Leid. Laß uns darum Wort halten und treu zusammenbleiben. Wenn du dein Glück finden sollst, dann kannst du es hier so gut finden wie in einem anderen Weltteil.«
Der Ältere bestand aber darauf, er wolle fort. Da sprach der Jüngere: »Wenn du gehst, kann ich nicht bleiben, denn ich halte mein Versprechen, wie hart es mich auch ankommt.«
Und er ging zu seiner Frau und sprach: »In acht Tagen verreise ich mit meinem Bruder, um ein wenig die Welt zu sehen; in Jahresfrist sind wir aber wieder zurück.«
Ach, wie da die arme Prinzessin weinte und jammerte; es brach ihm fast das Herz, doch er ließ sich in seinem Entschluß nicht irremachen, denn sein Wort war ihm heilig.
Als die Schiffe zur Abfahrt bereitlagen, zog der Prinz sein Schwert und gab es seiner lieben Frau: »Behalte dieses Schwert als ein Zeichen von mir; solange es blank bleibt, geht es mir gut, und solange du keinen Rost oder Fleck darauf siehst, bin ich dir treu; und das bleibe ich dir bis in den Tod.«

Da gab ihm die Prinzessin ein blütenweißes Hemd und sprach: »Das nimm als ein Zeichen von mir; solange es weiß bleibt, solange bleibt meine Treue unverletzt.«
Dann küßten und umarmten sie sich unter vielen Tränen, und die beiden Brüder gingen zu Schiffe. Die Prinzessin aber schaute ihnen noch lange nach, bis die weißen Segel fern auf dem Meer verschwanden.
Nachdem sie etwa acht Wochen auf dem Meere waren, kamen eines Morgens drei Schiffe mit Seeräubern gefahren. Die umzingelten das Schiff der beiden Brüder und machten sie und alle anderen, die mit ihnen fuhren, zu Gefangenen. Dann fuhren sie mit ihnen nach der Türkei und verkauften sie dort als Sklaven.
Da wurde ihnen eine schwere, schier unmögliche Arbeit aufgetragen: sie mußten aus einem Steinbruch einen Garten machen.
Als aber eines Tages der türkische Prinz den Sklaven zusah, fragte er, warum des einen Bruders Hemd so schmutzig und zerrissen, das des anderen aber so weiß und blank sei. Da erzählte ihm der mit dem weißen Hemd, wer sie seien und daß ihm seine Frau das Hemd gegeben hätte. Da nun der Sohn des Sultans hörte, daß einer von ihnen der Gemahl der Prinzessin sei, die ihn so schimpflich abgewiesen hatte, da war seine Freude groß, und er sprach: »Ich gäbe euch nicht um alles Gold in der Welt frei, denn ich will mich an euch dafür rächen, daß die Prinzessin meinen Thron verschmäht hat; jetzt wird sie wohl zahm werden. Ihr seid Hunde und sollt bei meinen Hunden sitzen und mit ihnen fressen und schlafen.«
Nun fing ein noch traurigeres Leben für die beiden Brüder an, und hundertmal beklagte der Ältere, daß er seinem Bruder nicht gefolgt und deshalb auch ihn ins Unglück gestützt hätte. Bei den härtesten und schimpflichsten Arbeiten aber blieb an dem Hemde, das der Jüngere trug, kein Stäubchen hängen, und es war immer schneeweiß, wie der frischgefallene Schnee; das war sein einziger und größter Trost in diesen schweren Tagen.

Die Prinzessin hatte unterdessen fleißig nach dem Schwerte geschaut und war von Herzen froh, da es stets hell und blank blieb. Eines Morgens aber, als sie es, erfreut darüber, in der Hand hielt und betrachtete, lief ein trüber Hauch darüber, und wie sie auch putzte und wischte, er wollte nicht weichen. Da ergriff ein schwerer Kummer ihr Herz, denn sie erkannte nun, daß ihrem lieben Gemahl ein Unglück begegnet sein müsse, und sie beschloß, ihm nachzureisen, um ihn zu retten, koste es, was es wolle.
Als sie sich eben zur Abfahrt rüstete, kamen Boten in das Schloß und meldeten ihr, der Sohn des Sultans sei aus der Türkei angekommen; er wolle gegen Abend zu ihr kommen, da er viel mit ihr zu sprechen habe. Sie ließ ihm wieder sagen, er könne kommen, jedoch nicht zu einer anderen Zeit als zwei Stunden vor Mittag und sechs Stunden nach Mittag.
Es dauerte nicht lange, da war er schon im Schlosse, trat mit heimtückischer Freude in ihr Zimmer und sprach: »Vor Zeiten habt Ihr meine Hand verschmäht und einen armen Königssohn zum Gemahl genommen. Der ist jetzt mein Sklave und schläft bei den Hunden im Stall. Ich habe Euch aber immer noch lieb und frage Euch, ob Ihr jetzt meine Frau werden wollt und die mächtigste Fürstin auf der Welt. Bedenkt, daß Ihr ein solches Glück Euer Leben lang nicht wieder findet, denn Ihr bekommt die größten Schätze, die je Augen sahen, und es ist kein Wunsch, der Euch nicht sofort erfüllt würde.«
Die Prinzessin verging fast vor Schmerz, als sie hörte, wie der Sultan von ihrem lieben Manne sprach. Sie faßte sich jedoch und sagte: »Eure Gemahlin kann ich nie werden, und wäret Ihr der Kaiser der ganzen Welt«, und sie ging schnell in ihr Kämmerlein und ließ ihn stehen. Dort weinte sie sich recht aus, dann aber warf sie sich auf ihre Knie nieder und betete zu Gott, er möge ihr Kraft und Mut in ihren Leiden geben und ihr Vorhaben segnen, damit sie ihren lieben Gemahl aus seiner schmählichen Gefangenschaft befreie.

Gott erhörte ihr Gebet und stärkte sie so wunderbar, daß sie die Kraft fühlte, alles zu wagen und zu unternehmen.
Vor der Stadt stand eine Kapelle und daneben ein Häuschen, da kehrten die Pilger ein, die nach Jerusalem gingen. Dahin schickte sie ihre treueste Dienerin und ließ einem der Pilger seine Kleider abkaufen. Die zog sie an, nahm die Harfe, die sie meisterlich spielte, und ging abends an den Strand, wo des türkischen Prinzen Schiffe lagen.

Dort setzte sie sich hin, schlug ihre Harfe und sang:

»Was fehlet dir, mein Herz,
Daß du in mir so schlägest?
Wie kommt es, daß du dich
So heftig in mir regest?
Warum bewegst du dich
Mit solcher starken Macht
Und störest meine Ruh,
Den süßen Schlaf bei Nacht?«

Der Sultanssohn stand gerade auf seinem Schiffe, horchte auf, ließ den Harfner zu sich rufen und sprach: »Wie kommst du zu diesen Liedern?«

»Das sind so meine Träume«, antwortete der Harfner und sang weiter:

»Ich weiß die Ursach' wohl,
Darf selbst mich nur befragen;
Der Himmel hat jetzt Lust,
Mein Herze so zu plagen.
Es schlagen über mich
Die Unglückswellen her,
Ich schwebe voller Angst
Auf einem wilden Meer.«

Dann fuhr er fort und sang in schönen Versen alles, was dem Sohn des Sultans mit der Prinzessin begegnet war.
Da fragte der Prinz abermals: »Wie kommst du zu diesen Liedern?«
»Das sind so meine Träume«, sprach der Harfner.
Da rief der Sohn des Sultans erstaunt: »Du mußt mit mir ziehen, magst du dafür fordern, was du willst.«
»Hier kann ich nichts fordern«, sprach der Harfner; »ich will aber mit Euch ziehen und ein Jahr bei Euch bleiben. Wenn es mir dann bei Euch gefällt, bleibe ich, gefällt es mir nicht, so gehe ich, doch müßt Ihr mir zuvor schwören, daß Ihr mir drei Wünsche erfüllen und mich ziehen lassen wollt.«
Da sprach der Sultanssohn: »Ich gebe dir alles, was dein Herz begehrt, das schwöre ich dir beim Feuer und meinem Bart«, und das ist der höchste Schwur, den die Türken tun.
So blieb der Harfner auf dem Schiffe und fuhr am folgenden Tage frühmorgens mit dem türkischen Prinzen ab. Dieser gewann ihn immer lieber wegen seiner wunderschönen Lieder, so daß der Harfner ihn endlich, wie man zu sagen pflegt, um einen Finger wickeln konnte und nichts begehrte, was nicht sogleich erfüllt wurde.
Als sie in der Türkei angelangt waren, kam ihnen der Sultan mit seinem Geleit bis an den Hafen entgegen. Er fragte den

Kronprinzen, was das für ein Mensch wäre. Er hatte nämlich in seinem Leben noch keinen Pilger gesehen.
Der Kronprinz sagte: »Dies ist ein ganz heiliger Mann, in England heißt man ihn einen Pilger, ich habe ihn dem Kaiser mitgebracht, weil er die Harfe so meisterlich spielt.«
Da mußte der Harfner gleich bei der Tafel musizieren, und alle Gäste waren darüber außer sich vor Entzücken. Als das Mahl fast zu Ende war, kamen die beiden Sklaven, an jedem Fuß mit einer Kette gefesselt, herein, mußten unter den Tisch kriechen und die Brocken essen, die herabgeworfen wurden.
Zum erstenmal seit langer Zeit bekam jetzt der Pilger die beiden Prinzen zu sehen und mußte sich Gewalt antun, daß er sich bei dem jammervollen Anblick nicht verriet. Er schnitt aber tüchtige Brocken Fleisch und Brot ab und reichte sie unter den Tisch. Da sagte der Sultan: »Du mußt das nicht so übertreiben; es sind Sklaven, wie du wohl noch keine gesehen hast, die werden hier als Hunde gehalten.«
Der Pilger antwortete: »Es ist für mich Gebot, auch den Hunden zu geben.«
»Wenn es so Gebot ist«, antwortete der Sultan, »dann soll es dir nicht verwehrt sein.« Und der Pilger schnitt ihnen nun noch größere Stücke ab.
Da geschah es einmal, daß der Sultanssohn nach Tische in dem Garten lustwandelte, in dem die Sklaven arbeiteten, und den Pilger kommen ließ. Da rührte er seine Harfe und sang:

»Ich kam vor kurzer Zeit
In einen schönen Garten,
Darin erblickte ich
Viel Blumen mancher Arten;
Und unter ihnen sah
Ich eine Rose blühn,
Nichts mehr verlangte ich,
Als sie zu mir zu ziehn.«

»Das ist ein wunderliches Lied«, sprach der Sultanssohn, »aber sage mir nur, welche Rose du meinst, ich will sie dir gleich schenken.«
»Ach, das sind so meine Gesänge, ich habe keine von Euren Rosen gemeint«, sprach der Harfner, und fuhr fort:

»Jetzt muß ich ganz betrübt
Aus diesem Garten gehn;
Niemand kommt fragen mich,
Wie es mir wird ergehn.
Wer meinen Zustand weiß,
Der spottet meiner nicht,
Sonst wollte wünschen ich,
Daß ihm wie mir geschieht.«

»Was meinst du denn damit? Was betrübt dich denn?« fragte der Sultanssohn, und der Harfner antwortete: »Ach, das sind so meine Lieder.«
Da sprach der Sultanssohn und wies dabei auf die beiden Prinzen, die im Schweiße ihres Angesichts gruben: »Kennst du die Hunde dort? Die sind aus deinem Lande, gehe und sprich mit ihnen.«
»Ich kenne sie nicht«, erwiderte der Harfner, »aber ich bin auch nicht aus dem Lande, wo du mich gefunden hast, ich bin viel weiter her, will aber doch mit ihnen sprechen, vielleicht verstehen sie meine Muttersprache.« Da ging er zu ihnen und machte allerlei Wischiwaschi, als ob er eine fremde Sprache rede, doch die Prinzen sprachen: »Wir verstehen dich nicht«, und das war ihnen nicht zu verdenken, denn das hätte keiner verstanden.
Der Harfner kam zum Sultanssohn zurück und sprach: »Sie verstehen meine Sprache nicht, aber aus welchem Lande sind sie denn?« – »Diese Hunde sind zwei Prinzen, ich halte sie gefangen, weil die Frau des einen meine Liebe verschmäht hat.«
»Da geschieht ihnen recht«, sprach der Harfner, »wenn sie

mein wären, ließe ich sie aber lieber feine Arbeiten machen, was die anderen Sklaven nicht können. Sie müßten mir schöne Körbe flechten, Käfige schnitzen und solche Dinge, womit ich mein Haus und meinen Garten verzierte.«

Das sagte er, damit sie nicht mehr so hart arbeiten mußten, und weil er wußte, daß die Prinzen diese Künste in ihrer Jugend gelernt hatten.

»Das ist ein guter Gedanke«, sprach der Sultanssohn, »aber sie werden es schwerlich können.«

»Es kommt auf eine Probe an«, erwiderte der Harfner.

Da wurden ihnen Weiden und Messer und Holz gegeben und sie flochten und schnitzten sehr schön. Der Sultanssohn war außer sich vor Freude.

Als nun ein Jahr herum war, sprach der Harfner: »Ich bin es nun hierzulande müde und möchte fort. Vorher aber müßt Ihr mir Euer Versprechen einlösen und mir meine drei Wünsche gewähren.«

Da antwortete des Sultans Sohn: »Sag mir, was du dir für drei Dinge wünschest, und ich will sie dir gewähren.«

Da tat der Harfner, als ob er sich besänne und sprach alsdann: »Fürs erste wünsche ich mir den weißen Hund (das war nämlich der Prinz, der das weiße Hemd trug), fürs zweite den anderen Hund, der immer bei ihm ist, und fürs dritte ein Schiff mit Geld und Mannschaft, um in mein Vaterland zu fahren.«

Da machte der Sohn des Sultans ein saures Gesicht, der Harfner aber sprach: »Bedenkt Euren Schwur, ich verlange nur, was mir zukommt.«

Der Sohn des Sultans erwiderte: »Du forderst das Größte, was ich habe, aber da du mein Versprechen hast, sollst du alles bekommen«, und er ließ den Prinzen die Ketten abnehmen und sie auf das Schiff des Harfners führen.

Der Harfner fiel ihm zu Füßen und dankte ihm für das Geschenk, doch der Sultanssohn wollte nichts von Dank wissen und ging zornig weg.

Wer da glücklicher war, die Prinzessin oder die beiden

Prinzen, das ist schwer zu sagen. Gern hätten sie ihr für ihre Rettung gedankt, aber sie ging auf dem Schiffe nicht aus ihrer Kammer, ließ auch niemanden zu sich herein, außer einem Mädchen, das ihr das Essen brachte. Das Schiff flog schnell über das Meer dahin und landete bald in einem Hafen ihres Königreiches. Da ging sie aus ihrer Kammer hervor und ließ die beiden Prinzen zu sich kommen. Sie wollten sich vor ihr auf die Knie werfen, aber sie sprach: »Ihr braucht mir nicht zu danken, dankt Gott, dem Herrn. Ich schenke euch eure Freiheit und alles, was im Schiff ist.« Sie aber schlich sich unterdessen in ihren Harfnerkleidern leise fort und ging auf heimlichen Wegen der Hauptstadt zu.

Unterwegs traf sie einen Pilger, der ging desselben Wegs. Sie fragte ihn, was man sich alles in der Stadt erzähle und wie es der Prinzessin ergehe.

Der Pilger antwortete: »Man weiß nichts von ihr, sie ist weggegangen, seitdem der türkische Prinz da war, und kein Mensch kann sagen wohin. Die Minister haben ihrem Vater aber gesagt, sie gehe auf schlechten Wegen, und ihm so lange zugeredet, bis er an allen Straßenecken hat bekanntmachen lassen, wer sie einliefere, der erhalte eine große Belohnung. Man will nämlich Gericht über sie halten, und dann könnte es leicht ein schlechtes Ende mit ihr nehmen.«

Die Prinzessin sprach: »Du kannst dir diese Belohnung verdienen, wenn du alles tust, was ich dir sage, und du bekommst noch viel mehr dazu.«

»Wie sollte das möglich sein?« fragte der Pilger.

»Ich bin die Prinzessin«, sprach sie und verabredete mit ihm, was er zu tun habe. Dann ging sie mit ihm in das Haus vor der Stadt, wo die Pilger einzukehren pflegten, und wechselte dort die Kleider; darauf band er sie und führte sie in das Gefängnis.

Am selben Abend langten die beiden Prinzen gleichfalls in der Hauptstadt an und wurden mit großen Freuden empfangen.

Das erste, was der Jüngste fragte, war: »Wo ist meine liebe, getreue Frau?«
Da traten die Minister zu ihm und antworteten: »Wir möchten lieber von ihr schweigen, aber da wir reden müssen, so müssen wir die Wahrheit sagen. Sie ist als eine feile Dirne im Lande herumgefahren und erst heute eingefangen und ins Gefängnis gebracht worden.«
Da nahm der Prinz das Hemd, welches er in der Gefangenschaft getragen hatte, und steckte es in den Kot, und als er es wieder herauszog, da war es noch so weiß wie frischer Schnee. Die Minister sprachen zu ihm: »Das Hemd kann Euch trügen, denn da sie so lange herumstreichen konnte, versteht sie sich gewiß auch auf Zauberkünste, darum darf man dem Hemd nicht trauen, und dem Recht muß sein Lauf gelassen werden.«
Der Prinz meinte, das Herz müsse ihm vor Leid zerspringen, als er das hörte.
Am folgenden Tag wurde Gericht gehalten, und da sich die Prinzessin gar nicht verteidigte und kein Wort sprach, so wurde sie zum Tode am Galgen verurteilt.
Als der Tag herankam, an dem das Urteil vollstreckt werden sollte und man die schöne Prinzessin in groben Kleidern auf den Richtplatz führte, da war Trauer in der ganzen Stadt, und es wurde mehr geweint als gelacht.
Auf dem Richtplatz war ein schwarzer Thron aufgeschlagen, auf dem saß der Prinz, denn es war Sitte im Lande, daß ein Verurteilter nur in Gegenwart des Königs oder eines Prinzen hingerichtet werden durfte. Als der seine Frau sah, da brach er in Tränen aus, denn er glaubte immer noch, sie müsse unschuldig sein und hielt sich beide Hände vors Gesicht, damit das Volk nicht seine Tränen sehe.
Sie aber bat, man möge ihr nur eine Gnade schenken, bevor sie sterbe. Das wurde ihr zugesagt, und sie sprach: »Dann laßt mich einen Augenblick mit dem frommen Pilger, der dort steht, in dem Kapellchen allein beten und mich zum Tod vorbereiten.«

Da schloß man ihr dies Kapellchen auf, und sie trat mit dem Pilger hinein. Der hatte aber ihre Harfe unter seinem Mantel verborgen und auch die Kleider, in welchen sie vor dem Sultan gespielt und die beiden Prinzen erlöst hatte.
Diese zog sie in der Sakristei rasch an, färbte ihr Gesicht und nahm die Harfe in die Hand. So trat sie vor den Prinzen; der aber sah sie nicht, weil er so sehr weinte. Sie sang:

»Kennst du den Harfner nicht,
Daß du ihn so verstößest,
Der viel für dich gewagt,
Daß du nun bist erlöset?
Vom Sklaven frei gemacht,
Gebracht in vor'gen Stand?
Ist das für meine Müh',
Die ich an dich gewandt?«

Als der Prinz die Stimme hörte und die Harfentöne dazu, hob er erstaunt sein Haupt. Da erkannte er den Harfner und sprang von seinem Thron, fiel ihm zu Füßen und sang mit flehender Stimme:

»Jetzt bricht mein Herz entzwei,
Wie hab' ich mich vergangen
An dir, du Seelenbild!
Wie soll ich dich empfangen!
Auf meine matten Knie,
Da fall' ich nun vor dir
Und küsse deine Füß',
Ach, Kind, verzeihe mir!«

Und ob ihm die junge Königin verzieh! Sie hob ihn in die Höhe und zog ihn an ihr Herz. Was das für Freude und Glückseligkeit war, das könnten tausend Schreiber in hundert Jahren nicht ausschreiben. Der Prinz erzählte vor allem Volke, daß er sein Leben einzig und allein seiner lieben Frau verdanke, und da ging der Jubel erst recht los. Beide wurden im Triumph durch die Straßen der Stadt geführt, und die Festlichkeiten wollten gar kein Ende nehmen.

10. November

»Das wissen die Götter!«

Im Tempelhof stand ein kleiner Tempel. Dort lebte ein heiliges Pferd. Es starrte auf ein mageres kleines Mädchen, das durch die Latten des Tempels hindurchguckte.
»Der Wärter, dieser Schuft«, sagte das Pferd wütend, »hat mir schon wieder mein Bohnenbrot gestohlen. Ich bin ein heiliges Pferd, ach, was muß ich alles noch erleben.«
Das kleine Mädchen schob seine schmutzige Hand zwischen das Gitter. »Nimm mein Brot, vielleicht hilft es dir.«
Das Pferd betrachtete die ausgestreckte Hand und nahm das Brot.
»Wer bist du?« fragte es, ohne sich zu bedanken.
»Ich weiß es nicht«, antwortete die Kleine.
»Woher kommst du?«
»Ich glaube, ich fiel vom Mond.«
Das Pferd lachte. »Wer gibt auf dich acht?«
»Ich selber.«
»Wie alt bist du?«
»Neun Jahre«, sagte das Mädchen.
»Und wo schläfst du?« fragte das Pferd weiter.
»Ich schlafe überall, auf den Feldern, unter Bäumen oder wenn es regnet in den Kirchen. Ich bin oft sehr einsam und wünschte, ich wäre tot.«
Da das heilige Pferd Tränen in ihren Augen sah, sagte es: »Weine nicht, mir geht es auch nicht gut. Ich wurde für fünfzehn Jahre in diesem Tempel eingeschlossen und beneide ich um deine Freiheit. Ich würde viel lieber wie du von

Ort zu Ort ziehen und unter Bäumen und in Feldern schlafen.«
Das kleine Mädchen wischte sich die Augen ab und fragte verwundert: »Möchtest du das wirklich?«
»Natürlich möchte ich das. Aber ich bin eingesperrt, ich muß mich den ganzen Tag anstarren lassen und soll glauben, ich sei ein heiliges Pferd.«
»Bist du das nicht?«
Das Pferd schüttelte den Kopf: »Ich bin nicht halb so heilig wie du, die mir ihr Brot gab.«
»Ich dachte, du seist sehr glücklich. Ist das nicht schön, immer bewundert zu werden und Weihrauch geopfert zu bekommen?«
»Als ich ein junges Pferd war, liebte ich das alles sehr. Ich war stolz darauf, aber heute ist es mir verleidet.«
Das kleine Mädchen nickte. »Du bist also nicht eitel?«
»Nein, wahrscheinlich nicht«, sagte das Pferd und lächelte. »Ich wurde ungeduldig, ein Gefangener zu sein. Ich versuchte zweimal, auszureißen, aber die Wärter fingen mich immer wieder ein. Ich weigerte mich, zu essen. Ich wollte sterben, aber der Hunger tat weh, und ich fand es dumm, ja, heute ärgere ich mich sogar, wenn mir ein Wärter das Bohnenbrot stiehlt. Es ist so eng hier in meinem Tempel. Ich kann nicht einmal ausschlagen.«
»Ach, trotz deines gestohlenen Bohnenbrotes hast du noch mehr zu essen als wir armen Leute. Ich wäre glücklich, hätte ich drei Tage so viel wie du an einem Tag.«
»Wärst du das wirklich?« fragte das Pferd. »Weißt du, was wir machen können? Wir wollen unsere Plätze wechseln?«
»Was?« rief das Mädchen.
»Du sollst dich nicht in ein Pferd verwandeln und ich nicht in ein kleines Mädchen. Nein, ich will ein Pferd bleiben und du sollst du sein; aber du kommst heute abend zurück, wenn alles schläft, läßt mich heraus und stellst dich an meinen Platz. Ich werde meine Freiheit genießen, und du wirst viele Bewunderer haben.«

Das kleine Mädchen war sehr erstaunt. »Werden sie mich denn nicht töten, wenn ich dich herausgelassen habe und behaupte, heilig zu sein?«
»Du sollst es gar nicht behaupten. Sie werden an Wunder glauben, wenn du an meiner Stelle da stehst.«
»Wann soll ich kommen?« fragte das Mädchen.
»Um Mitternacht. Dann komme ich unbehelligt durch Lan Tan, wo die Leute wissen, daß ich das heilige Pferd bin. Dann aber will ich auf Abenteuer ausgehen.«
Als der Mond aufgestiegen war und die Mitternacht nahte, eilte das kleine Mädchen zum Tempel.
Das Pferd wartete schon ängstlich. »Ich glaubte bereits, du kämst nicht.«
»Ich versprach dir zu kommen. Aber, was soll ich sagen, wenn mich die Priester und die Leute fragen?«
Das Pferd antwortete: »Antworte immer nur: ›Das wissen die Götter!‹ Dann sei still und schaue nur weise um dich. Du kannst sicher sein, sie glauben, ich hätte mich in eine Göttin verwandelt. Hier ist eine Kiste mit prächtigen Seidengewändern. Das ist mein Festschmuck. Lege diese Gewänder um dich, damit sie deine Lumpen nicht sehen.«
»Du bist sehr freundlich«, sagte das kleine Mädchen, stieß den Riegel zurück und legte die Arme um den Nacken des Pferdes.
»Vergiß nicht, daß du einen guten Freund hast, der immer an dich denkt«, sagte das Pferd und trabte aus dem Tempelhof.
Die Kleine schloß den Käfig, zog die Seidenkleider über und legte sich schlafen.
Mitten in der Nacht erwachte sie und hörte vor ihrem Tempelgehege zwei Stimmen.
»Was ist eigentlich ein heiliges Pferd?« fragte eine Stimme.
»Galoppieren können doch alle Pferde. Leg den Schatz des Mandarins auf den Rücken des kleinen Kleppers. Wir wollen rasch aus diesem Tal fliehen, bevor wir erwischt werden.«
»Aber was wird aus uns, wenn uns das heilige Pferd erwischt?«

»Sei doch nicht so feig, das Pferd kann nicht sprechen, und wer weiß es sonst?«
»Das wissen die Götter!« sagte das kleine Mädchen.
Entsetzt sahen sich die Diebe um. Sie erblickten die schmächtige Gestalt, in prächtige Kleider gehüllt, ein bleiches Gesicht mit zwei dunklen Augen. Vor Angst schrien sie auf, warfen den Schatz des Mandarins zu Boden und flüchteten in die Nacht hinein.
Das kleine Mädchen lachte, öffnete die Kiste mit dem Schatz des Mandarins und betrachtete den Jadeschmuck, das Gold und die Silberkleider. Sie waren so schön, wie sie noch nichts in ihrem Leben gesehen hatte.
Dann schlief es ein. Als es erwachte, stand die Sonne schon hoch am Himmel. Der Tempelhof war voll neugieriger Leute. Vor ihm stand der Mandarin. Er schaute erstaunt auf das kleine Mädchen, das das heilige Pferd sein sollte. Er blickte auf die gestohlenen Schätze, die daneben lagen, und in ehrfurchtsvollem Ton fragte er: »Von wo kommst du, mein Kind?«
»Das wissen die Götter!« antwortete es ernst.
»Doch wo ist das heilige Pferd?«
»Das wissen die Götter!« sagte es abermals.
Der Mandarin erbleichte. Die Leute fielen auf die Knie nieder und murmelten: »Sie ist eine Göttin.«
Der Mandarin faltete seine Hände über seinem Schatz zusammen. »Wie kommt das hierher?« rief er. »Es wurde die letzte Nacht aus meinem Palast gestohlen!«
»Das wissen die Götter!« sagte es nur und schaute ihm ruhig in die Augen.
»Sie ist eine Göttin, sie weiß alles«, rief der Mandarin. »Es ist ein Wunder geschehen.«
Und da sanken alle auf die Knie nieder und beteten um Dinge, die ihnen einst gestohlen worden waren, weil sie glaubten, die Göttin könne sie wieder herbeibringen. Sie bauten ihr einen großen Tempel und huldigten ihr jeden Tag.

Doch das kleine Mädchen vergaß das heilige Pferd nicht. Es wünschte jeden Tag, es solle zurückkommen, um an all den Herrlichkeiten, die man ihm opferte, teilzuhaben.

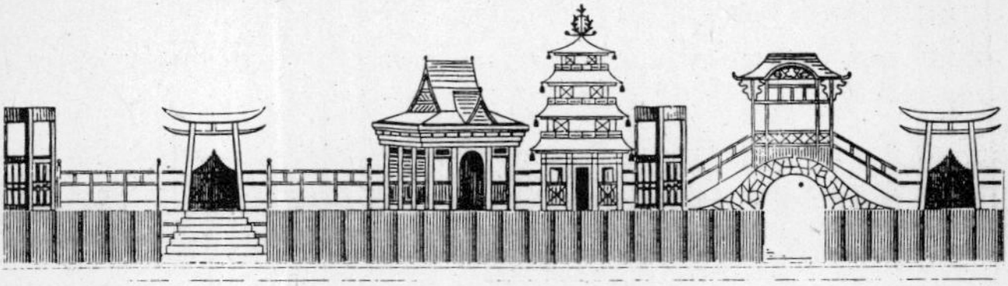

Zehn Jahre waren vergangen. Das kleine Mädchen war eine Frau geworden und von Tag zu Tag wurde sie trauriger. Keiner der vielen Leute, die zur ihr kamen, war ihr Freund. Sie war reich, unermeßlich reich, aber sehr einsam, allein und traurig.

Eines Abends, als sie im Mondschein spazierenging, kam eine Magd und sagte zu ihr:

»Göttin, es ist eine unglaubliche Geschichte geschehen. Vor einer Stunde rasselte es am Tor, und als der Gärtner öffnen wollte, da fand er ein altes weißhaariges Pferd, das einzudringen versuchte. Er jagte das Pferd fort, aber es kam immer wieder und versuchte aufs neue einzudringen. Es will einfach nicht weggehen.«

Da sagte das Mädchen: »Laß das Pferd herein. Ich will keinem Tier den Einlaß verweigern.«

Als die Dienerin zurückkam, führte sie ein Pferd herbei, das ließ den Kopf traurig hängen und trottete müde einher.

Das Mädchen schickte die Dienerin weg und wandte sich an das Pferd. »Heiliges Pferd!« rief es, »du kommst zurück. Dir verdanke ich all den Reichtum.«

»Ja, ich komme zurück«, sagte das Pferd mit leiser Stimme. »Ich komme zurück und bitte um eine kleine Stallecke, in der ich sterben kann.«

»Hast du die Freiheit nicht genossen, die du dir so sehr ersehntest?«

Das Pferd sagte: »Nein, die Freiheit ist nichts ohne Freundschaft. Du allein warst meine Freundin, und nun bin ich zurückgekommen, um bei dir zu bleiben und zu sterben.«
Da schlang es ihre Arme um den Nacken des Pferdes, streichelte es und weinte mit ihm.
»Bist du vielleicht auch nicht glücklich in deinem Reichtum?«
»Das wissen die Götter!« sagte das Mädchen. »Auch Reichtum ist nichts ohne Freundschaft!«
Und während sich das Mädchen immer fester an das alte, müde Pferd lehnte, verwandelte dieses sich in einen schönen Prinzen.
»Nichts«, sagte er, »ist schön ohne Freundschaft und Liebe!«
»Das wissen die Götter!« sagte das Mädchen und verließ mit ihm zusammen den Tempel.

11. November

Hans in der Schule

Als mein Großvater noch ein kleiner Junge war, da lebte im Dorfe ein Mann, der hieß Hans, mit seiner Frau – oder vielmehr lebte eine Frau mit ihrem Manne Hans: denn sie hatte allein die ganze Sorge für Haus und Acker; der Hans machte alles verkehrt, was er angriff.
Einmal sagte Grete – so hieß sie – zu ihrem Manne: »Hans, mach dich gleich auf und trag die Milch in die Stadt. Ich hab' die Kübel schon alle in die Butte gestellt. Sieh, daß du sie nicht verschüttest und schau, daß du sie für ein gutes Stück Geld an den Mann bringst.«
›Ei‹, dachte Hans, ›dafür will ich schon sorgen‹, nahm die Butte auf die Schulter und ging damit seines Weges. Er war schon ein gutes Stück fortgewandert und sah bereits über die

letzten Hügel weg die Kirchtürme der Stadt, da sah er vor sich etwas auf der Straße schimmern. Er ging darauf zu: es war eine kleine Silbermünze. ›Ein gutes Zeichen‹, dachte er, und bückte sich danach. – Aber o weh! Er hatte ganz vergessen, daß er die Butte mit den Milchkübeln auf dem Rücken trug – und die kullerten ihm nun alle über den Kopf, die ganze schöne weiße Milch! Hans erschrak so, daß er dachte, die Welt ginge unter.

Ihm war gar nicht wohl zumute. Und als er nun gar sah, daß das blinkende Ding nichts weiter als ein abgerissener Knopf gewesen war, ärgerte er sich noch mehr.

›Ach, was wird die Grete sagen‹, dachte er, ›wenn sie dies neue Unglück erfährt?‹ Und er kratzte sich ganz tiefsinnig hinter den Ohren. Es blieb ihm aber nichts übrig, als die leeren Kübel zusammenzupacken und ohne Milch und ohne Geld wieder zu seiner Grete zurückzukehren. Na, Kinder, was meint ihr wohl, wie die Grete den armen Hans geschimpft hat, als er so wieder nach Hause kam!

Ein paar Wochen später schickte sie ihn wieder in die Stadt mit frischer Butter und gepökeltem Fleisch, das sollte er ihrem Paten zum Namenstag bringen. – »Mach es aber diesmal klüger als sonst!« sagte sie, »und nimm einmal deine fünf Sinne zusammen!«

»Das werde ich schon«, brummte Hans, nahm den Korb mit Fleisch und Butter und wanderte wohlgemut von dannen.

Er war aber noch nicht weit gekommen, da rauschte es in einem nahen Busch, und ein großer Pudel sprang heraus. Hans hatte außer den Haushunden in seinem Dorfe noch keinen anderen gesehen und bekam einen entsetzlichen Schreck; er meinte, ein Löwe stände vor ihm. Er hielt es für das beste, wenn er, um sich zu retten, ihm Fleisch und Butter vorwürfe. Er warf dem Pudel also rasch Butter und Schinken hin und war froh, daß der vermeintliche Löwe sich nicht mehr um ihn kümmerte, wohl aber mit einem wahren Löwenhunger sich über die schönen Sachen hermachte. Hans lief nun, so schnell er konnte, nach Hause und erzählte

Grete, was er erlebt hatte. Als ihm Grete aber sagte: »Das war ja gar kein Löwe, das war nur ein Pudel, ein Hund! Du bist und bleibst doch ein dummer, dummer Hans!« – da hättet ihr sein verblüfftes Gesicht sehen müssen!
Am folgenden Tage sagte sie zu ihm: »Nimm die Hacke, geh in den Wald und hack Holz!«
Hans tat's, seufzte und dachte: ›Ach, ich mache doch alles verkehrt!‹ Er suchte sich aber doch einen schönen Baum aus und hieb tapfer drauflos. Die unteren Äste hatte er bald ab, und nun sollte es an die oberen gehen; er kletterte an dem Baumstamm hinauf, setzte sich auf den ersten starken Ast und fing an, auf den mit seiner Hacke dicht am Stamme loszuhauen.
Da rief ihn jemand von unten.
Hans blickte hinab, es war ein Jäger, den er noch nie gesehen hatte. »Wenn du so weiter haust«, sagte der Fremde, »dann wirst du bald vom Baum herunterfallen.«
»He, he«, lachte Hans, »woher wißt Ihr das so genau? Ihr seid wohl ein Wahrsager?«
»Zuweilen«, antwortete der Jäger.
»Wenn Ihr ein Wahrsager seid, dann könnt Ihr mir ja auch sagen, wie lange ich noch lebe; das möchte ich zu gerne wissen.«
»Das kann ich wohl«, sagte der Mann, der hatte es natürlich schon weg, daß man sich mit Hans einen hanebüchenen Spaß leisten konnte. »Du mußt mir aber vorher noch eine Frage beantworten: Niesest du zuweilen?«
»O ja«, sagte Hans, »sooft ich in die Sonne sehe.«
»Das ist ein schlimmes Zeichen«, meinte der Jäger bedenklich; »wisse also, sobald du wieder dreimal nacheinander niesest, mußt du sterben.«
»O weh!« jammerte Hans, »da bin ich ja schon so gut wie halbtot!«
Der Jäger lachte laut und ging fort.
Hans aber dachte: ›Ach, wer weiß, ob der Kerl wirklich ein Wahrsager ist‹, nahm seine Hacke und fing wieder an, seinen

Ast zu bearbeiten. Noch ein paar Schläge, und der Ast war durch und fiel herab, aber mit ihm zugleich der dumme Hans.
»O weh, jetzt ist er doch ein Wahrsager«, seufzte er, las sein Holz zusammen und humpelte ganz trübselig nach Hause.
»Was ist denn nun wieder?« fragte Grete.
»Ach, mit mir ist's aus«, sprach Hans und schluckte bei jedem Wort; »mein Sterbestündlein ist vor der Tür, ein Jäger hat mir's prophezeit.«
»Du bist ein Narr und der Jäger ein Spaßvogel«, sagte Grete.
»Ja, das hab' ich anfangs auch gedacht; aber er hatte mir auch prophezeit, ich würde vom Baum herunterfallen, und ich bin wirklich heruntergefallen, da hab' ich's gesehen, der Jäger ist ein Wahrsager. Du wirst schon sehen, das andere trifft auch ein.«
»Ach was«, sprach Grete ärgerlich, »setz dir nicht solche Albernheiten in den Kopf; du bist selbst zum Sterben zu dumm!«
»Das wär' das erste Mal, daß meine Dummheit für etwas in der Welt gut wär'«, seufzte Hans. – Tags darauf sprach Grete: »Hans, du mußt den Sack Korn zur Mühle tragen.«
»Ja, Grete«, sagte Hans, nahm den Sack auf den Rücken und ging traurig der Mühle zu; er mußte den ganzen Weg über an den Jäger und seine Prophezeiung denken.
Als er langsam mit seinem Sack einen kleinen Hügel hinanstieg, schien ihm die Sonne gerade ins Gesicht. Da wurde es ihm himmelangst, daß er jetzt niesen müßte, und die hellen Schweißtropfen standen ihm an der Stirn. Wirklich, ein paar Schritte weiter, tat er einen mächtigen Nieser.
Er blieb eine Weile vor Schreck stehen; dann stieg er langsam weiter, aber nach ein paar Augenblicken konnte er's nicht mehr aushalten; er nieste zum zweiten Male.
»Das ist mein letzter Gang«, stöhnte er und stapfte weiter. Da nieste er zum dritten Male und erschrak dermaßen, daß er hinschlug und sein Sack von seinen Schultern und den Steig hinabkollerte.

›Jetzt – bin – ich – tot‹, dachte Hans, blieb liegen und rührte und regte sich nicht.
Sein Sack aber war beim Fallen aufgesprungen, und bald hatten des Müllers Schweine das Korn gefunden und fraßen und fraßen.
Grete wartete indessen zu Hause auf ihren Hans. Wo blieb der nur wieder? Es wurde Abend, und er kam immer noch nicht. Da dachte sie: ›Der hat wieder einen dummen Streich gemacht‹, und lief nach der Mühle, um nach ihm zu schauen. Da bekam sie doch einen Schrecken, als sie den Hans wie tot auf dem Steige liegen sah. Sie rüttelte ihn und schrie:
»Hans! Hans! Was ist mit dir geschehen?«
»Ach Grete«, schluchzte Hans, »siehst du denn nicht, daß ich tot bin?«
»Ein Narr bist du!« schrie die Grete, »rasch steh auf und schäm dich, daß du so albern bist.«
»Aber ich hab' doch dreimal geniest.«
»Das mag sein«, antwortete Grete; »aber du sprichst ja und hörst und siehst; das kann ein Toter nicht.«
Hans sah sie ungewiß an.
»Warte nur, mein Küchenbesen soll dich schon überzeugen, daß du lebst. Aber wo hast du denn den Sack mit dem Korn – ist das schon gemahlen?«
»Den Sack, ja, den Sack«, stotterte Hans, »den hab' ich von der Schulter fallen lassen, als ich das dritte Mal niesen mußte; der muß wohl den Steig hinabgerollt sein.«
»Ach, du allmächtiger Himmel! Das schöne Korn, das schöne Korn«, schrie Grete und lief den Mühlensteig hinab. Aber da kam sie zu spät, da lag nichts mehr als der leere Sack, die Schweine waren schon fertig mit dem Korn. Da lief sie ganz außer sich nach Hause, ohne sich weiter nach Hans umzusehen. Aber, als er endlich auch nachgezottelt kam, da kriegte er seine Tracht mit dem Besen; jetzt zweifelte er nicht mehr daran, daß er lebte.
Ein paar Tage danach wollte Grete Honig nach der Stadt schicken, sie dachte aber: ›Wenn ich Hans sage, es ist Honig

in dem Gefäß, nascht er mir davon.‹ Also sprach sie zu Hans: »Da, das trag in die Stadt zum Kaufmann, der von uns sonst den Honig kriegt. Diesmal ist es aber kein Honig, sondern ein ganz furchtbares Gift!«

»Gift?« fragte Hans erschrocken.

»Ja, Gift – der Kaufmann weiß schon Bescheid; eil dich nur und sieh zu, daß es möglichst schnell in seine Hände kommt!«

»Ja, möglichst schnell«, sagte Hans und zog ab.

Unterwegs aber kamen ihm ganz sonderbare Gedanken. ›Es ist ein Kreuz mit dir‹, dachte er, ›alles was du anfängst, mißlingt dir, du magst es anstellen, wie du willst. Das beste wär', wenn du tot wärst, dann machtest du wenigstens nichts Dummes mehr. – Wenn ich jetzt dies Gift hier verzehrte, dann hätte alles Leiden ein Ende. Frisch, Hans, dir ist nicht anders zu helfen‹, und dabei kullerten ihm die hellen Tränen die Backen hinunter. Aber er fing tapfer an, von dem Gift zu essen und aß und schluchzte und weinte und aß, bis nichts mehr übrig war. Dann machte er sich auf den Weg nach Hause und dachte: ›Nun habe ich mich vergiftet.‹ Als er bereits eine halbe Stunde weitergewandert war, wunderte er sich, daß er immer noch nichts spürte. Endlich kam er nach Hause.

»Nun, hast du das Gift beim Kaufmann abgegeben?« fragte Grete.

Hans schüttelte den Kopf und setzte sich auf die Ofenbank.

»Nein?« schrie Grete, »hast du's wieder mitgebracht?«

Hans schüttelte wieder den Kopf.

»Wo hast du's denn hingetan?« schrie Grete und hatte schon einen ganz roten Kopf.

»Ich habe es gegessen«, sagte Hans mit Grabesstimme.

»Gegessen?«

»Ja«, antwortete Hans, »ich bin meine Dummheit müde – ich habe mich selbst vergiftet.«

»Nein! – Das ist zuviel!« rief Grete, »verschlingt der den ganzen kostbaren Honig!«

»Honig?« fragte Hans ganz verwundert.
»Nun ja, freilich, Honig, den allerbesten, den ich aus den Bienenstöcken bekommen hatte.
Ich hab' bloß gesagt, es sei Gift, damit du Schleckmaul nicht davon naschen solltest, wie du's gewöhnlich tust!«
»Also – bin ich nicht vergiftet«, fragte Hans – »ich werde also nicht sterben?«
»Besser wär's beinah, wenn das nicht anders mit dir wird. – Aber das muß anders werden, und zwar gleich morgen soll's anfangen; du kommst in die Schule.«
»Was? – Ich in die Schule!« stotterte Hans; das war ihm nun doch in die Glieder gefahren.
»Ja, ich geh' jetzt gleich zum Schulmeister und spreche mit ihm; er soll dich ganz besonders unter die Fuchtel nehmen, noch mehr als alle die anderen.«
»Aber, liebe Grete, bedenk doch«, bettelte Hans, »ich unter die kleinen Kinder!«
»Das hilft nichts, du mußt von Grund aus anfangen, sonst bringen wir die Dummheit nimmer aus dir heraus.«
»Ach, Grete, du wirst sehen, es ist zu spät!«
Doch alles ›Aber Grete, ach Grete!‹ half nichts. Grete ging zum Schulmeister und brachte ihr Anliegen vor. Der wunderte sich zwar sehr, daß er noch so einen alten Schüler bekommen sollte, aber er schlug ihr's nicht ab und versprach ihr, den Hans tüchtig vorzunehmen.
Und am anderen Morgen, als die ersten Schulkinder mit Schiefertafel und Büchern am Haus vorbeikamen, rief Grete: »Hans, Hans, eil dich, die Kinder sind schon alle auf dem Wege!« Dann steckte sie ihm die Fibel unter den Arm, die sie am vorhergehenden Tag besorgt hatte, und schob ihn zur Türe hinaus. Den Kindern in der Schule machte es natürlich einen Heidenspaß, als der große Hans sich zwischen sie setzen mußte, und sie neckten ihn von allen Seiten.
Aber noch schlimmer war das Lernen; damit wollte es gar nicht vorwärtsgehen, und nach acht Tagen war er noch kein Spürchen gescheiter geworden, und dabei wurde er mit

jedem Tage elender und magerer. Denn er mußte nicht bloß Tag für Tag seine vier Stunden in der dumpfen Schulstube absitzen, sondern Grete hörte ihm auch noch jeden Abend seine Aufgaben ab und zankte ihn bei jedem Fehler gehörig aus. Und wenn er dann wieder anfing: »Ach Grete, ich bin ja doch zu alt, laß mich doch aus der Schule bleiben, es geht nichts mehr in meinen Kopf hinein« – dann sagte sie immer: »Geh du nur, wenn's dir auch sauer wird. Du sollst sehen, das wird noch unser Glück!«

So war das schon einen Monat gegangen, da kam einmal, als Hans wieder aus der Schule nach Hause ging, ein schöner Reisewagen daher, mit vier Pferden davor, und gerade als er an Hans vorbeifuhr, löste sich hinten ein Koffer ab und fiel herunter.

»He, halt!« schrie Hans aus Leibeskräften, »ihr habt was verloren!«

Aber niemand hörte, und der Wagen rollte rasch davon. Da nahm Hans den Koffer und lud ihn auf seine Schulter – er war nicht leicht – und trug ihn nach Hause.

»Was hast du denn da?« fragte Grete neugierig, als er damit angekeucht kam.

Hans erzählte.

»Wir wollen doch mal sehen, was drin ist«, sagte Grete, aber es war nicht so leicht, ihn aufzumachen, der Koffer war mit Eisen beschlagen und fest verschlossen; sie mußten eine Hacke nehmen und ihn aufsprengen. Da bekamen sie ordentlich einen Schrecken, der Koffer war bis zum Rand mit blanken Goldstücken und Talern angefüllt.

»Ach, wenn das doch alles uns gehörte«, sagte Grete und seufzte.

»Nu, wem soll es denn sonst gehören, ich hab' es doch gefunden!« rief Hans.

»Nein, Hans, die Leute, die es verloren haben, kommen sicher zurück und fragen nach – und dann müssen wir ihnen gleich die Wahrheit sagen! Hörst du! Du mußt es genau so sagen, wie es ist!«

»Je nun, wenn es sein muß, dann will ich es schon tun«, seufzte Hans.
Dann schlossen sie den Koffer zu, ohne ein einziges Geldstück davon zu nehmen und stellten ihn in eine Ecke der Stube.
Nach dem Essen ging Hans, der schulfrei hatte, in den Gemüsegarten, der ein Stück vom Hause weg lag. Er war

noch nicht an der Gartenplanke, da kam ein Diener in roter, goldgalonierter Livree ganz hastig den Weg dahergerannt, auf dem des Morgens der Wagen verschwunden war.
›Aha‹, dachte Hans, ›der sucht den verlorenen Kasten.‹ Und wirklich, als der Lakai Hans sah, winkte er mit seinem Taschentuch. »Was gibt's?« fragte Hans.
»Habt Ihr keinen Koffer hier gefunden?« fragte der Rote und trocknete sich den Schweiß von der Stirn.
»O ja!« erwiderte Hans, »als ich in die Schule ging.«
»Dummkopf!« schrie der Bediente, der meinte, Hans wolle ihn foppen, und rannte wütend weiter.
»He! So hört doch – es ist ja noch gar nicht so lange her, daß ich aus der Schule bin!« schrie Hans ihm nach, aber der

Lakai hörte nicht und war bald verschwunden und nicht mehr zu sehen. Hans schrie und stand noch eine Weile und sah ihm nach, dann ging er rasch nach Hause und erzählte es Grete.
Grete aber meinte noch immer, die Leute müßten wiederkommen und nach ihrem Koffer fragen. Aber ein Tag nach dem anderen, eine Woche nach der anderen verging, und keiner meldete sich.
So blieb der Koffer ihr Eigentum, und es erfüllte sich, was Grete prophezeit hatte: durch die Schule hatte Hans sein Glück gemacht; wenn auch anders, als sie es gemeint hatte. Aber klüger wurde Hans doch nicht und machte seine dummen Streiche nach wie vor. Nur, daß ihn jetzt niemand mehr darüber zu schelten wagte – niemand, das heißt außer seiner Frau – weil er jetzt so viel Geld hatte und er nicht mehr der dumme Hans, sondern der reiche Hans hieß.

12. November

Der Kamerad

Es war einmal ein Bauernbursch, dem träumte, er werde eine Prinzessin bekommen, weit, weit fort, und sie wäre so weiß wie Milch und so rot wie Blut und so reich, daß ihr Reichtum kein Ende hätte. Beim Aufwachen vermeinte er noch, sie stünde leibhaftig vor ihm, und sie war so schön und lieblich, daß er nicht weiterleben konnte ohne sie. Da verkaufte er alles, was er hatte, und zog aus und suchte sie.
Er wanderte weit umher und kam schließlich zur Winterszeit in ein Land, wo alle Straßen geradeaus gingen und keinerlei Biegung machten. Als er ein Vierteljahr lang geradeaus gewandert war, kam er in eine Stadt. Da lag vor der Kirchentür ein großer Eisklumpen, und mitten darin war

eine Leiche, und die ganze Gemeinde spuckte im Vorbeigehen darauf.
Der Bursche verwunderte sich darüber, und als der Pfarrer aus der Kirche kam, fragte er ihn, was das bedeuten solle.
»Das ist ein arger Missetäter gewesen«, sagte der Pfarrer, »man hat ihn um seiner Sünden willen hingerichtet und hier zu Spott und Schande aufgestellt.«
»Was hat er denn getan?« fragte der Bursche.
»In diesem irdischen Leben war er ein Weinhändler«, sagte der Pfarrer, »aber er hat Wasser in den Wein geschüttet.«
So schrecklich kam das dem Burschen gar nicht vor. »Wenn man ihn mit dem Leben dafür hat bezahlen lassen«, sagte er, »könnte man ihm jetzt doch wenigstens ein christliches Begräbnis geben und den Toten ruhen lassen!«
Aber der Pfarrer sagte, das sei auf keine Weise zu machen, denn um ihn aus dem Eise herauszubrechen, brauche man Leute; und um von der Kirche das Grab zu kaufen Geld, und der Totengräber wolle auch Geld für seine Mühe, der Küster für die Glocken, der Kantor für den Gesang und der Pfarrer für die Leichenpredigt. »Glaubst du, daß es einen Menschen gibt, der all das viele Geld für einen solchen argen Sünder zahlen will?« fragte der Pfarrer.
»Ja«, sagte der Bursche, »wenn ihr ihm ein Begräbnis verschafft, so will ich schon den Leichenschmaus zahlen aus meinem schmalen Beutel.«
Der Pfarrer wollte erst nichts davon wissen, aber als der Bursche mit zwei Männern wiederkam und ihn vor ihren Ohren fragte, ob er das christliche Begräbnis verweigere, wagte er keinen Widerspruch mehr.
Also befreiten sie den Weinhändler aus dem Eisklotz und legten ihn in die geweihte Erde. Die Glocken läuteten und es wurde gesungen, und der Pfarrer warf Erde auf den Sarg, und sie hielten einen Leichenschmaus, und es gab abwechselnd Tränen und Gelächter. Als aber der Bursche den Leichenschmaus bezahlt hatte, hatte er nicht mehr viel Groschen in der Tasche.

Da machte er sich wieder auf den Weg; aber er war noch nicht weit gegangen, da kam ein Mann hinter ihm her und fragte ihn, ob es nicht langweilig sei, so allein zu gehen?
»Nein«, sagte der Bursche, »ich habe immer etwas, woran ich denken muß.«
Der Mann fragte: »Braucht ihr nicht einen Diener?«
»Nein«, sagte der Bursche, »ich bin gewöhnt, mein eigener Diener zu sein, deshalb brauche ich keinen, und wenn ich auch noch so gern einen haben wollte, so könnte ich doch nicht, denn ich habe kein Geld für Kost und Lohn.«
»Du hast aber doch einen Diener nötig, das weiß ich besser als du«, sagte der Mann, »und zwar brauchst du einen, auf den du dich im Leben und Tod verlassen kannst. Wenn du mich nicht als Diener haben willst, so nimm mich als Kameraden; ich verspreche dir, es soll dein Schaden nicht sein; ich werde dich kein Geld kosten, und um Essen und Kleider brauchst du dich auch nicht zu bemühen.«
Unter diesen Umständen wollte er ihn gern als Kameraden annehmen, und so setzten sie die Reise zusammen fort; der Mann ging gewöhnlich voraus und zeigte den Weg.
Als sie lang durch die Lande gezogen waren, über Berge und Heiden, standen sie plötzlich vor einer Felswand. Der Kamerad klopfte an und bat um Einlaß. Da tat sich der Fels vor ihnen auf, und als sie ein gut Stück in den Berg hineingegangen waren, kam ihnen eine Hexe entgegen und bot ihnen einen Stuhl an: »Seid so gut und setzt euch, ihr werdet müde sein!« sagte sie.
»Setz dich selbst!« sagte der Mann.
Da mußte sie sich setzen und sitzen bleiben, denn der Stuhl hielt alles fest, was ihm nahe kam.
Inzwischen wanderten sie im Berg herum, und der Kamerad sah sich um, erblickte ein Schwert über der Tür und versprach der Hexe, sie von dem Stuhl zu befreien, wenn sie ihm das Schwert überlasse.
»Nein«, schrie sie, »bitte mich, um was du willst! Alles andere kannst du haben, nur das nicht, denn das ist mein

Dreischwestern-Schwert!« (Es waren nämlich drei Schwestern, die besaßen das Schwert gemeinsam.)
»Dann kannst du hier sitzenbleiben bis an der Welt Ende!« sagte der Mann.
Als sie das hörte, versprach sie ihm das Schwert, wenn er sie befreien wolle. Er nahm das Schwert, ging damit davon und ließ sie trotzdem sitzen! Sie war ja eine Hexe.
Als sie weit gewandert waren, über nackte Felsen und öde Heiden, kamen sie wieder an eine Felswand. Da pochte der Kamerad wieder und bat um Einlaß. Es ging wie das letzte Mal, der Fels tat sich auf, und als sie tief drinnen im Berg waren, kam ihnen eine Hexe mit einem Stuhl entgegen und hieß sie niedersitzen.
»Setz dich selbst!« sagte der Kamerad.
Und es ging ihr wie ihrer Schwester, sie mußte sich setzen und konnte nicht mehr loskommen. Inzwischen gingen der Bursche und sein Kamerad im Berge umher, und er machte alle Schränke und Schubladen auf, bis er ein Knäuel Goldfaden fand.
Das wollte er haben und er versprach der Hexe: »Ich werde dich von dem Stuhl befreien, wenn du mir das Knäuel gibst.« Sie sagte, er könne all ihr Hab und Gut nehmen, nur das Knäuel könne sie nicht hergeben, das sei ihr Dreischwestern-Knäuel. Aber als sie hörte, daß sie bis zum Jüngsten Tag hier sitzen bleiben sollte, wenn sie das Knäuel nicht hergebe, ging sie doch darauf ein. Da nahm der Kamerad das Knäuel und ließ sie trotzdem sitzen, wo sie saß.
Darauf gingen sie manchen Tag durch Wald und Heide, bis sie wieder an eine Felswand kamen. Es ging gerade wie die vorigen Male, der Kamerad klopfte an, der Berg tat sich auf, und drinnen kam ihnen eine Hexe mit einem Stuhl entgegen und hieß sie sitzen.
Aber der Kamerad befahl: »Setz dich selber!«, und da mußte sie sich setzen.
Die beiden waren noch nicht durch viele Gemächer gegangen, da erblickte der Kamerad einen alten Hut an einem

Haken hinter der Tür. Den wollte er haben; aber die Alte wollte sich nicht davon trennen, denn es sei ihr Dreischwestern-Hut, wenn sie den hergebe, werde sie grundunglücklich. Als sie jedoch hörte, daß sie hier bis an den Jüngsten Tag sitzenbleiben sollte, wenn sie den Hut nicht hergebe, so willigte sie endlich ein. Der Kamerad nahm den Hut und hieß sie dann sitzen bleiben, wo sie saß, wie ihre Schwestern.
Zu guter Letzt kamen sie an einen Fluß. Da nahm der Kamerad das Knäuel und warf es so kräftig an den Berg auf der anderen Seite des Flusses, daß es wieder zurückflog, und als es mehrmals hin- und widergeflogen war, stand eine Brücke da. Darauf überschritten sie den Fluß, und als sie auf der anderen Seite ankamen, sagte der Mann zu dem Burschen: »Wickle so rasch wie möglich den Goldfaden wieder auf, denn wenn wir ihn nicht schnell wegschaffen, so kommen die drei Hexen herüber und reißen uns in Stücke.«
Der Bursche wickelte, so rasch er konnte, und als er gerade am letzten Faden war, kamen die Hexen auf ihren Stühlen angefaucht; sie stürzten sich ins Wasser, daß der Schaum hoch aufspritzte und haschten nach dem Ende des Fadens. Aber sie konnten es nicht packen und ertranken in dem Fluß.
Als sie wieder einige Tage gegangen waren, sagte der Kamerad: »Nun kommen wir bald an das Schloß, in dem wohnt die Prinzessin, von der du geträumt hast, und wenn wir hinkommen, so mußt du ins Schloß hineingehen und dem König erzählen, was du geträumt hast, und dein Reiseziel sagen.«
Als sie hinkamen, tat er das und wurde sehr gut aufgenommen; er bekam ein Zimmer für sich und eins für seinen Kameraden, und zur Essenszeit wurde er an des Königs eigenen Tisch gebeten. Sowie er die Prinzessin erblickte, erkannte er sie gleich wieder. Er sagte ihr auch, weshalb er gekommen sei, und sie antwortete, sie könne ihn gut leiden und wolle ihn gern nehmen, aber zuerst müsse er drei Proben bestehen.

Als sie gespeist hatten, gab sie ihm eine goldene Schere und sagte: »Die erste Probe ist die: Nimm diese Schere und hebe sie auf bis morgen mittag. Das ist keine sehr schwere Probe«, sagte sie und lächelte, »aber, wenn du sie nicht bestehst, dann mußt du sterben; so will es das Gesetz, es geht dir wie den Freiern, deren Schädel und Gerippe du draußen vor dem Schloß sehen kannst.«
›Das ist doch keine Kunst‹, dachte sich der Bursche. Aber die Prinzessin war so lustig und munter und trieb solche Possen mit ihm, daß er die Schere und sich selbst darüber vergaß, und während sie lachten und schäkerten, stibitzte sie ihm heimlich die Schere weg, ohne daß er es merkte. Als er am Abend in die Kammer kam und erzählte, wie es ihm gegangen war, und was die Prinzessin zu ihm gesagt hätte, fragte der Kamerad: »Hast du die Schere auch noch?«
Der Bursche suchte in allen seinen Taschen, aber es war keine Schere darin, und er war mehr als unglücklich, weil er sie verloren hatte.
»Nun, nun, sei nur ruhig, ich will sehen, ob ich sie dir wieder verschaffen kann«, sagte der Kamerad und ging hinunter in den Stall. Da stand ein mächtiger Bock, der gehörte der Prinzessin und konnte viel schneller durch die Luft fliegen, als auf ebener Erde gehen. Der Kamerad nahm das Dreischwestern-Schwert und gab ihm damit einen Hieb zwischen die Hörner und fragte: »Wann reitet die Prinzessin heut nacht zu ihrem Liebsten?«
Der Bock meckerte und sagte, das traue er sich nicht zu sagen, aber als der Kamerad ihm noch einen Hieb gab, sagte er doch, die Prinzessin werde Punkt elf Uhr kommen. Der Kamerad setzte den Dreischwestern-Hut auf, da war er unsichtbar, und wartete auf die Prinzessin. Als sie kam, schmierte sie den Bock mit einer Salbe ein, die sie in einem großen Horn mitbrachte, und dann rief sie: »Auf! Auf! Über Berg und Tal, zum Liebsten, der mich im Berg erwartet!«
Als der Bock aufflog, schwang sich der Kamerad hinten auf, und nun ging es wie der Wind durch die Wolken; der Weg

war nicht lang. Auf einmal waren sie vor einer Felswand, die Prinzessin klopfte an, und dann ging die Fahrt in den Berg hinein zu dem Troll, der ihr Liebster war.
»Jetzt ist ein neuer Freier gekommen, der mich haben will«, sagte sie, »er ist jung und hübsch; aber ich will keinen haben als dich«, sagte sie und tat dem Troll schön. »Ich habe ihm eine Probe auferlegt, und hier ist die Schere, die er aufheben und verwahren sollte; verwahre du sie jetzt!«
»Ja, ich will sie aufheben und gut verwahren«, sagte der Troll und legte die Schere in einen eisernen Schrein mit drei Schlössern davor.
Aber in dem Augenblick, wo sie die Schere in den Schrein fallen ließen, nahm der Kamerad sie weg. Keiner konnte es sehen, denn er hatte den Dreischwestern-Hut auf; also schloß der Troll den leeren Schrein sorgfältig zu, und die Schlüssel steckte er in einen hohlen Backenzahn, wo er noch andere Zauberdinge aufhob. Da würde sie der Freier gewiß nicht finden, meinte er. Nach Mitternacht machte sie sich auf den Heimweg. Der Kamerad schwang sich wieder hinten auf, und der Heimweg war nicht lange.
Am nächsten Mittag wurde der Bursche zur königlichen Tafel geladen. Da hatte die Prinzessin ein so hochnäsiges Benehmen und war so stolz und schnippisch, daß sie fast gar nicht nach der Seite hinsah, wo der Bursche saß. Nachdem man gespeist hatte, machte sie ein recht feierliches Gesicht und fragte zuckersüß: »Du hast wohl die Schere noch, die ich dir gestern zum Aufheben gegeben habe?«
»Ja, hier ist sie«, sagte der Bursche, zog die Schere heraus und schleuderte sie auf den Tisch, daß es nur so klirrte.
Die Prinzessin hätte nicht mehr erschrecken können, wenn er ihr die Schere ins Gesicht geworfen hätte. Aber sie machte gute Miene zum bösen Spiel und sagte mit süßer Stimme: »Da du die Schere so gut verwahrt hast, wird es dir nicht so schwer fallen, mein Knäuel Goldfaden aufzuheben. Morgen mittag möchte ich es wiederhaben, aber wenn du es da nicht hast, so muß du von Rechts wegen sterben.«

Der Bursche meinte, das sei ja nicht schwer und steckte das Knäuel Goldfaden in die Tasche. Aber da fing die Prinzessin wieder an mit ihm zu scherzen und Spaß zu treiben, so daß er sich selbst und das Knäuel vergaß, und während sie mitten im lustigen Spaß waren, stibitzte sie ihm das Knäuel und hieß ihn dann gehen.

Als er hinauf in die Kammer kam und erzählte, was sie gesagt und getan hätte, fragte sein Kamerad: »Du hast doch das Knäuel noch?«
»Ja, freilich«, sagte der Bursche und griff in die Tasche, in die er es gesteckt hatte. Aber da war kein Knäuel, und er kam so in Verzweiflung, daß er nicht wußte, was anfangen.
»Sei nur ruhig«, sagte der Kamerad, »ich will sehen, ob ich es nicht wiederbekommen kann.«
Er nahm sein Schwert und seinen Hut und ging zu einem Schmied und ließ an sein Schwert noch zwölf Pfund Eisen anschmelzen; als er dann in den Stall kam, gab er dem Bock damit einen Schlag zwischen die Hörner, daß er taumelte, und fragte ihn: »Wann reitet die Prinzessin heut nacht zu ihrem Liebsten?«
»Punkt zwölf Uhr«, sagte der Bock.
Der Kamerad setzte wieder seinen Dreischwestern-Hut auf und wartete, bis die Prinzessin mit dem Salbenhorn kam und den Bock einrieb.
Dann sagte sie wieder wie das erste Mal: »Auf! Auf! Über

Giebel und Turm, über Land, über See, über Berg und Tal, zum Liebsten, der mich im Berg erwartet!«
Sobald nun der Bock auffuhr, schwang sich der Kamerad hinten auf, und da ging's wie der Blitz durch die Luft. Bald waren sie am Trollberg, und als sie drei Schläge getan hatte, ging es durch den Berg hindurch bis zum Troll, der ihr Liebster war.
»Wie hast du denn die goldene Schere verwahrt, die ich dir gestern gab, mein Freund?« fragte die Prinzessin, »der Freier hatte sie und gab sie mir wieder.«
Das sei ganz unmöglich, sagte der Troll, denn er habe sie in einem Schrein mit drei Schlössern eingeschlossen, und die Schlüssel in seinen hohlen Zahn gesteckt. Aber als sie den Schrein aufschlossen und nachsahen, war keine Schere darin. Da erzählte die Prinzessin, daß sie dem Freier nun ihr goldenes Knäuel gegeben hätte.
»Hier ist es«, sagte sie, »ich habe es ihm wieder abgenommen, ohne daß er es merkte. Aber was sollen wir nun anfangen, wenn er sich auf solche Künste versteht?«
Der Troll wußte auch keinen Rat; erst als sie eine Weile nachgedacht hatten, kamen sie auf den Gedanken, ein großes Feuer anzuzünden und das Knäuel zu verbrennen, dann könne der Freier es gewiß nicht wiederbekommen.
Aber als die Prinzessin das Knäuel ins Feuer warf, fing der Kamerad es auf, ohne daß es jemand sah, denn er hatte den Dreischwestern-Hut auf.
Nachdem die Prinzessin eine Weile beim Troll gewesen war und es gegen Morgen ging, fuhr sie wieder heim. Der Kamerad saß wieder hinten auf, und die Heimreise ging rasch und gut. Als der Bursche zur Tafel geladen wurde, gab der Kamerad ihm das Knäuel.
Die Prinzessin war noch spitzer und spöttischer als das erste Mal, und nachdem man gegessen hatte, kniff sie den Mund ganz schmal zusammen und sagte: »Könnte ich nicht vielleicht mein goldenes Knäuel wiederbekommen, das ich dir gestern gab?«

»Ja«, sagte der Bursche, »das kannst du haben; hier!«, und er warf es auf den Tisch, daß es dröhnte und der König vor Schrecken hoch in die Höhe fuhr.
Die Prinzessin wurde weiß wie eine Leiche, aber sie machte gute Miene zum bösen Spiel und sagte, er habe seine Sache gut gemacht. Nun habe er nur noch eine kleine Probe zu bestehen: »Wenn du mir das, an was ich denke, bis morgen mittag beschaffen kannst, so sollst du mich haben und behalten.«
Der Bursche kam sich vor wie ein zum Tode Verurteilter, denn es schien ihm ganz unmöglich, zu wissen, an was die Prinzessin dachte, und noch unmöglicher, den Gegenstand zu beschaffen. Und als er in seine Kammer kam, konnte ihn der Kamerad kaum beruhigen. Er sagte, er wolle die Sache schon in die Hand nehmen, wie die beiden ersten Male, und zu guter Letzt beruhigte sich der Bursche und legte sich schlafen. Inzwischen ging der Kamerad wieder zu dem Schmied, ließ sich noch vierundzwanzig Pfund Eisen an sein Schwert schmieden, und als das geschehen war, ging er in den Stall und hieb den Bock zwischen die Hörner, daß er an die andere Wand flog.
»Wann reitet die Prinzessin heut nacht zu ihrem Liebsten?« sagte er.
»Punkt ein Uhr«, meckerte der Bock.
Als es Zeit war, stand der Kamerad mit seinem Dreischwestern-Hut im Stall, und nachdem die Prinzessin den Bock eingerieben und ihren Spruch gesagt wie sonst, ging es wieder durch die Luft davon, und der Kamerad saß hinten auf. Aber diesmal war er gar nicht sanft, sondern gab der Prinzessin bald hier einen Puff, bald dort einen Puff und zerbleute sie fürchterlich. Als sie an die Felswand kamen, klopfte sie dreimal an, und der Berg öffnete sich, und sie fuhren hindurch bis zu ihrem Troll. Sie beklagte sich sehr bei ihm und jammerte und sagte, sie hätte nicht gedacht, daß einen das Wetter so mitnehmen könne; es sei ihr vorgekommen, als fliege jemand mit, der auf sie und den Bock

losschlüge, und sie sei gewiß am ganzen Leib braun und blau, so bös sei er mit ihr umgegangen. Dann erzählte sie, daß der Freier auch das Knäuel wieder gehabt habe. Wie das zugegangen war, konnten sich weder sie noch der Troll denken.

»Aber weißt du, was ich mir ausgedacht habe?«, sagte sie.

Das konnte der Troll nicht wissen.

»Nun«, sagte sie, »ich habe ihm gesagt, er solle mir das, an was ich denke, bis morgen mittag beschaffen, und das war dein Kopf. Glaubst du, daß er das schaffen kann?« sagte die Prinzessin und tat dem Troll recht schön.

»Das glaube ich nicht«, sagte der Troll, und er war seiner Sache ganz sicher und lachte und gluckste vor Vergnügen ganz bösartig, denn er und die Prinzessin glaubten ganz steif und fest: eher werde der Bursche Futter für die Raben, als daß er den Kopf des Trolls herbeischaffen könne.

Gegen Morgen wollte die Prinzessin wieder nach Hause, aber sie hatte Angst und traute sich nicht, allein zu reiten. Sie glaubte, es sei jemand hinter ihr her, darum solle der Troll sie begleiten. Er war auch bereit dazu und zog seinen Bock aus dem Stall – er hatte den gleichen wie die Prinzessin – und rieb ihn ein und salbte in zwischen den Hörnern. Als der Troll aufgestiegen war, saß der Kamerad bei ihm hinten auf, und dann ging es durch die Luft dem Königsschloß zu. Unterwegs schlug der Kamerad wacker auf den Troll und auf den Bock los und gab ihnen Hieb auf Hieb und Schlag auf Schlag mit dem Schwert, daß sie tiefer und tiefer hinuntergerieten und schließlich fast ins Meer gesunken wären, über das die Reise sie führte. Als der Troll merkte, wie bös es draußen zuging, begleitete er die Prinzessin bis zum Schloß, um zu sehen, daß sie wirklich wohlbehalten heimkam. Aber in dem Augenblick, in dem sie die Tür hinter sich zumachte, schlug der Kamerad dem Troll das Haupt ab und ging damit hinauf in die Kammer zu dem Burschen.

»Hier ist das Ding, an das die Prinzessin gedacht hat«, sagte er.

Da war denn alles in schönster Ordnung, und als der Bursche zur Tafel geladen wurde und sie gegessen hatten, wurde die Prinzessin munter wie eine Lerche. »Hast du vielleicht das, woran ich gedacht habe?« fragte sie.
»Freilich«, sagte der Bursche, zog das Haupt unter seinen Rockschößen hervor und schleuderte es hin, daß der Tisch mit allem, was darauf war, umfiel.
Die Prinzessin sah aus, als käme sie aus dem Grab; aber sie konnte nicht leugnen, es war dies das Ding, woran sie gedacht hatte, und nun mußte sie den Burschen nehmen, wie sie versprochen hatte.
Also wurde die Hochzeit gefeiert, und es war große Freude im ganzen Königreich.
Aber der Kamerad nahm den Burschen beiseite und sagte: »In der Hochzeitsnacht darfst du wohl die Augen zumachen und dich schlafend stellen, aber wenn dir dein Leben lieb ist, darfst du keinen Augenblick schlafen, bis du nicht die Prinzessin von ihrer Trollhaut befreit hast. Du mußt sie mit neun neuen Birkenruten peitschen und ihr dann die Haut in drei Milchbädern abstreifen; erst muß man sie in einen Kübel voll jähriger Molke abschrubben, dann in einem Kübel voll saurer Milch abreiben und schließlich in einem Kübel voll süßer Milch abschwemmen.« Die Birkenruten habe er unters Bett gelegt und die drei Kübel mit Milch in die Ecke gestellt; es sei alles bereit.
Der Bursche versprach, er wolle ihm folgen und tun, was er ihm gesagt habe.
Als sie sich abends ins Bett gelegt hatten, tat er, als ob er schliefe; die Prinzessin richtete sich auf dem Ellbogen auf, um zu sehen, ob er wirklich schlafe, und kitzelte ihn unter der Nase; aber er schlief scheinbar ganz fest. Da zupfte sie ihn am Haar und am Bart. Aber er schlief wie ein Sack, meinte sie wenigstens. Da zog sie unter ihrem Kopfkissen ein großes Messer hervor und wollte ihm den Kopf abhakken. Aber da fuhr der Bursche auf, schlug ihr das Messer aus der Hand, packte sie an den Haaren und peitschte sie mit

den Ruten und hörte nicht auf, bis keine einzige mehr ganz war. Darauf warf er die Prinzessin in den Molkenkübel, und da sah er, was für ein Tier sie war, denn sie war rabenschwarz am ganzen Körper. Aber als er sie in den Molken abgeschrubbt und in der Sauermilch abgerieben und in der süßen Milch abgeschwemmt hatte, da war die Trollhaut ganz weg, und die Prinzessin war so wunderschön, wie sie zuvor noch nie gewesen war.

Am folgenden Tag sagte der Kamerad, nun sollten sie reisen. Der Bursche war reisefertig und die Prinzessin auch, denn ihre Mitgift war schon lange bereit.

In der Nacht brachte der Kamerad alles Gold und Silber und alle Kostbarkeiten, die der Troll im Berg hinterlassen hatte, ins Schloß, und als sie am Morgen fortreiten wollten, war der ganze Hof so voll, daß sie kaum durchkommen konnten. Diese Mitgift war mehr wert als das ganze Land des Königs, und sie wußten gar nicht, wie sie sie heimschaffen sollten. Doch der Kamerad wußte einen Ausweg aus der Verlegenheit. Der Troll hatte sechs Böcke hinterlassen, die durch die Luft fliegen konnten. Die belud er so reichlich mit Gold und Silber, daß sie auf der Erde gehen mußten und nicht stark genug waren, um sich in die Luft zu erheben. Was die Böcke nicht mehr tragen konnten, mußte im Schloß zurückbleiben. So reisten sie eine lange Zeit. Aber schließlich wurden die Böcke so müde und elend, daß sie nicht mehr weitergehen konnten. Der Bursche und die Prinzessin wußten sich nicht zu helfen. Als der Kamerad nun sah, daß sie nicht mehr von der Stelle kamen, nahm er die ganze Mitgift auf den Rücken, legte die Böcke obendrauf und trug alles, bis man nur noch eine halbe Meile von der Heimat des Burschen entfernt war. Da sagte der Kamerad: »Nun muß ich mich von dir trennen; ich kann nicht weiter bei dir bleiben.«

Aber der Bursche wollte von einer Trennung nichts wissen und ihn um keinen Preis scheiden lassen.

Also ging er noch eine halbe Meile mit, aber weiter konnte er nicht mehr, und als der Bursche in ihn drang und ihn nötigen wollte, mit ihm nach Hause zu kommen und dazubleiben oder doch wenigstens die Heimkehr mitzufeiern, da sagte er immer nur, nein, er könne nicht. Da fragte ihn der Bursche, was er denn haben wolle, als Lohn für seine Hilfe und Begleitung.

»Wenn ich mir etwas wünschen soll, so möchte ich die Hälfte haben von allem, was du in den nächsten fünf Jahren gewinnst«, sagte der Kamerad.

Das wurde ihm auch zugesagt.

Als der Kamerad fort war, versteckte der Bursche seinen ganzen Reichtum und zog spornstreichs nach Hause. Da feierten sie ein Heimkehrfest, daß man in sieben Königreichen davon sprach, und als das vorbei war, mußten sie den ganzen Winter lang mit den Böcken und den zwölf Pferden, die der Vater hatte, hin und her fahren, um all das Gold und Silber nach Hause zu schaffen.

Nach fünf Jahren kam der Kamerad wieder und wollte sein Teil haben. Da schied der Mann seine ganze Habe in zwei gleiche Teile.

»Aber ein Ding hast du nicht geteilt«, sagte der Kamerad.

»Was wäre das?« fragte der Mann, »ich glaubte, ich hätte alles geteilt.«

»Du hast doch ein Kind bekommen«, sagte der Kamerad; »das mußt du auch in zwei Teile teilen.«

Ja, so war es wirklich. Er nahm also das Schwert, aber als er es aufhob und das Kind teilen wollte, packte der Kamerad die Schwertspitze, so daß er nicht zuschlagen konnte.

»Freust du dich nicht, daß du nicht zuschlagen mußtest?« sagte er.

»Ja, so froh war ich noch nie«, sagte der Mann.

»So froh war auch ich, als du mich aus dem Eisklumpen befreitest«, sagte der Kamerad.

»Behalte alles, was du hast; ich brauch' nichts, denn ich bin ein schwebender Geist.«

Und er erzählte, er sei der Weinhändler, der in dem Eisklotz vor der Kirchentür lag und den alle anspien; und er sei sein

Kamerad geworden, weil der Bursche seine Habe drangegeben habe, um ihm Frieden und ein christliches Begräbnis zu verschaffen. Er habe ihn ein Jahr lang begleiten dürfen, und das Jahr sei bei ihrem ersten Abschied abgelaufen gewesen. Nun habe er ihn nochmals besuchen dürfen, aber jetzt müßten sie für alle Zeiten scheiden, denn ihn riefen die Himmelsglocken.

13. November

Das kluge Mädchen wird Zarin

Ein Zar gab einmal den Befehl: Wer den und den Stein schlachtet, daß das Blut davonfließt, den will ich zum Ersten meines Reiches machen.

Von allen Seiten kamen wackre Burschen herbei, aber keiner konnte den Stein schlachten; sie fanden es nur wunderlich, wie man überhaupt einen Stein schlachten könne.

In einem Dorf gab es ein sehr kluges Mädchen. Sie hütete die Schafe. Als sie davon hörte, verkleidete sie sich als Mann, ging zum Zaren und sagte zu ihm: »O Zar, ich kann den Stein schlachten.«

Überallhin ging das Gerücht, es habe sich ein Mensch gefunden, den Stein zu schlachten, und zahllose Leute sammelten sich, um zu sehen, wie er das machen werde.

Als der Tag kam, an dem das Mädchen den Stein schlachten sollte, zogen der Zar und alle Vornehmen aus der Stadt auf einen freien Platz, und dort sollte das Mädchen vor aller Augen den Stein schlachten. Das Mädchen zog das Messer, wandte sich zum Zaren und sagte:

»Zar, du willst doch, daß ich den Stein schlachten soll? So gib ihm vorher Seele und Leben, und wenn ich ihn dann nicht schlachte, nimm meinen Kopf.«

Der Zar wunderte sich über diese Antwort und sagte: »Du

bist der Klügste in meinem Reiche, und ich will dich zum vornehmsten Manne machen; und wenn du mir noch das vollbringst, was ich dir jetzt sagen werde, sollst du mir wie ein Sohn sein.«

Das Mädchen sprach: »Sage, Zar, was du sagen willst, und wenn es möglich ist, will ich mich bemühen, es zu vollbringen.«

Der Zar sagte ihr: »In drei Tagen sollst du wieder vom Dorfe hierherkommen. Wenn du kommst, sollst du reiten und

nicht reiten, sollst mir ein Geschenk bringen und nicht bringen; alle, groß und klein, wollen wir herauskommen und dich empfangen, und du sollst die Leute dahin bringen, daß sie dich empfangen und nicht empfangen.«

Die Hirtin ging nun in ihr Dorf und gab den Bauern den Auftrag, vier Hasen und zwei Tauben lebendig zu fangen. Die Bauern taten das.

Am dritten Tag, da sie zu dem Zaren gehen sollte, steckte sie die Hasen je in einen Sack, gab sie den Bauern zu tragen und sagte: »Wenn ich euch sage, ihr sollt sie loslassen, dann laßt sie los.«

Sie selbst nahm die beiden Tauben, setzte sich rittlings auf eine Ziege und machte sich auf zu dem Zaren; einige Leute hatte sie vorausgeschickt, sie anzukündigen.

Sobald der Zar das hörte, zog er aus der Stadt, sie zu empfangen, mit allen Vornehmen und zahllosen Stadtleuten. Als nun das Mädchen nicht mehr weit von dem Zaren war, sah sie die Menge Menschen, die herausgekommen war, sie zu empfangen, und sowie sie ihnen nahekam, befahl sie den

Bauern, vor den Augen der Leute die Hasen loszulassen. Da sie das sahen, rannten sie fort, die Hasen zu fangen.
Die Hirtin, die rittlings auf der Ziege saß, ging bald zu Fuß, die Ziege zwischen den Beinen, bald hob sie die Füße auf und ritt auf der Ziege.
Als sie zu dem Zaren trat, zog sie die beiden Tauben aus dem Busen und reichte sie ihm. In dem Augenblick, in dem er die Hand ausstreckte, die Tauben zu nehmen, ließ sie sie aus der Hand, und die Tauben flogen weg.
Da sagte die Hirtin zu dem Zaren: »Du siehst, Zar, die Leute haben mich empfangen und nicht empfangen; ich bin geritten und nicht geritten; ich habe dir ein Geschenk gebracht und nicht gebracht.«
Da sagte der Zar: »Von heute an sollst du mir wie ein Sohn sein.«
Sie aber flüsterte ihm ins Ohr: »Ich bin kein Bursche, ich bin ein Mädchen.«
Da nahm der Zar, der nicht verheiratet war, sie zur Frau. Und so wurde die Hirtin durch ihre Klugheit Zarin.

14. November

Die Geschichte von Catarina und ihrem Schicksal

Es war einmal ein Kaufmann, der war über alle Maßen reich und hatte Schätze, wie sie nicht einmal der König besitzt. In seinem Zimmer standen drei wunderschöne Sessel, der eine war von Silber, der zweite von Gold, der dritte von Diamanten. Der Kaufmann hatte eine einzige Tochter, die hieß Catarina, und sie war schöner als die Sonne.
Eines Tages saß Catarina in ihrem Zimmer. Auf einmal sprang die Tür ganz von selber auf, und es trat eine schöne, hohe Frau herein, die hielt in ihren Händen ein Rad.

»Catarina«, sprach sie, »wann willst du es leichter haben im Leben, in der Jugend oder im Alter?«
Catarina war erschrocken und wußte nicht, was sie der Fremden antworten sollte.
Aber die schöne, fremde Frau fragte nochmals: »Catarina, wann willst du es leichter haben, in der Jugend oder im Alter?«
Da dachte Catarina: ›Wenn ich sage in der Jugend, so werde ich im Alter leiden müssen, deshalb will ich es lieber im Alter leichter haben, in der Jugend habe ich Kraft. Gehe es mir nach Gottes Willen.‹ Also antwortete sie: »Im Alter.«
»Dir geschehe, wie du gewünscht hast«, sprach die schöne Frau, drehte einmal ihr Rad und verschwand. Diese hohe schöne Frau war aber das Schicksal der armen Catarina.
Einige Tage vergingen, da bekam ihr Vater plötzlich die Nachricht, einige von seinen Schiffen seien im Sturm gekentert. Wieder nach einigen Tagen erfuhr er, daß noch mehr Schiffe untergegangen seien. Nach wenigen Monaten war er seiner Reichtümer beraubt und ein armer Mann. Vor Kummer darüber erkrankte er und starb.
Nun blieb die arme Caterina ganz allein in der Welt zurück. Sie hatte niemanden, der sich ihrer hätte annehmen können, und Geld hatte sie auch nicht. Sie dachte darum: ›Ich will in eine andere Stadt gehen und mir dort einen Dienst suchen.‹ Sie machte sich auf und wanderte, bis sie in eine neue, fremde Stadt kam.
Als sie dort durch die Straßen ging, stand eine vornehme Frau am Fenster und fragte sie: »Wohin gehst du so allein, du schönes Mädchen?«
»Ach, liebe Frau, ich bin ein armes Mädchen und möchte gern einen Dienst suchen, um mir das Brot zu verdienen. Könnt Ihr mich nicht brauchen?«
Da nahm die schöne, vornehme Frau sie zu sich, und Catarina diente ihr treu.
Nach einigen Tagen sprach die Frau: »Catarina, ich muß einen Ausgang machen und werde die Haustür zuschließen.«

»Das ist mir schon recht«, sprach Catarina, und als ihre Herrin fort war, setzte sie sich hin, nahm ihre Arbeit und nähte.

Plötzlich ging die Tür auf, und ihr Schicksal trat herein.

»So, hier bist du also«, rief es, »und du glaubst, ich werde dich nun schon in Ruhe lassen?« Mit diesen Worten lief das Schicksal an alle Schränke, riß die Wäsche und die Kleider von Catarinas Herrin aus dem Schrank heraus und zerriß alles in Stücke. Catarina aber dachte: ›Weh mir, wenn meine Herrin wiederkommt und alles in diesem Zustand findet, bringt sie mich gewiß um.‹ Aus Angst brach sie die Tür auf und entfloh.

Das Schicksal aber sammelte die zerrissenen Sachen, machte sie wieder ganz und legte alles an seinen Platz.

Als nun die Herrin nach Hause kam, rief sie nach Catarina, aber Catarina war nirgends zu sehen. ›Sollte sie mich bestohlen haben‹, dachte sie. Aber nichts fehlte von ihren Sachen. Sie verwunderte sich sehr, jedoch Catarina kam nicht zurück.

Catarina lief immer weiter und weiter, bis sie endlich in eine andere fremde Stadt kam. Und wieder stand eine vornehme Frau am Fenster, als sie durch die Straßen lief, und fragte sie: »Wohin gehst du so allein, du hübsches Mädchen?«

»Ach, ich bin ein armes Mädchen und suche einen Dienst, um mir mein Brot zu verdienen. Könnt Ihr mich nicht brauchen?« fragte Catarina.

Da nahm die Frau sie in ihren Dienst. Catarina hatte es gut bei ihr und glaubte, nun könnte sie endlich in Ruhe bleiben.

Es währte aber nur einige Tage. Als eines Abends die Frau ausgegangen war, erschien die Schicksals-Frau wieder und fuhr sie mit harten Worten an: »So, hier bist du jetzt, du meinst wohl, du könntest mir entgehen?« Damit zerriß und zerstörte das Schicksal alles, was es fand, so daß die arme Catarina wieder entfloh.

Ein solches schreckliches Leben führte die arme Catarina sieben Jahre lang. Aus einer Stadt lief sie in die andere, aber sobald es anfing, ihr gut zu gehen, erschien das Schicksal wieder, zerstörte die Sachen der Herrschaft, und Catarina mußte fliehen. Sobald sie aber das Haus verlassen hatte, machte das Schicksal alles wieder gut und legte alles an seinen Platz zurück. Endlich, nach sieben Jahren, schien das Schicksal müde geworden zu sein und hörte auf, die arme Catarina zu verfolgen.

Eines Tages kam Catarina wieder in eine Stadt und sah eine Frau am Fenster stehen, die fragte sie: »Wohin gehst du, hübsches Mädchen?«

»Ach, ich bin ein armes Mädchen und möchte gern einen Dienst annehmen, könnt Ihr mich nicht brauchen?«

Da antwortete die Frau: »Ich will dich gern nehmen, du mußt mir aber täglich einen Dienst tun, und ich weiß nicht, ob du dazu die Kraft hast.«

»Sagt mir nur, was es ist, und wenn ich irgend kann, will ich es gern tun.«

»Siehst du jenen hohen Berg da?« sprach die Frau. »Auf den mußt du jeden Morgen ein großes Brett mit frischgebackenem Brot tragen und mußt oben mit lauter Stimme rufen: ›O Schicksal meiner Herrin, o Schicksal meiner Herrin, o Schicksal meiner Herrin.‹ Dreimal mußt du das rufen, und dann wird mein Schicksal erscheinen und das Brot in Empfang nehmen.«

»Das will ich gern tun«, sprach Catarina, und die Frau nahm sie zu sich.

Nun blieb Catarina lange Jahre bei dieser Frau, und jeden Morgen nahm sie das Tragbrett mit frischgebackenem Brot und trug es den Berg hinauf, und wenn sie dreimal gerufen hatte: »O Schicksal meiner Herrin«, erschien eine schöne hohe Frau und nahm das Brot an sich. Catarina aber weinte oft, wenn sie daran dachte, wie gut sie es gehabt hatte und wie reich sie gewesen war und wie sie nun immer noch als Magd dienen mußte.

Da sprach eines Tages ihre Herrin zu ihr: »Catarina, warum weinst du so viel?«

Da erzählte Catarina, wie schlecht es ihr ergangen war, und ihre Herrin sprach: »Weißt du was, Catarina? Wenn du morgen das Brot auf den Berg trägst, so bitte mein Schicksal, es soll dein Schicksal bewegen, dich in Ruhe zu lassen.«

Dieser Rat gefiel der armen Caterina, und am nächsten Morgen, als sie das Brot dem Schicksal ihrer Herrin gebracht hatte, klagte sie ihm ihre Not und sprach: »O Schicksal meiner Herrin, bitte doch mein Schicksal, daß es mich nun nicht mehr verfolgt.«

Da antwortete das Schicksal der Herrin: »Ach, du armes Mädchen, dein Schicksal schläft unter sieben Decken und kann dich deshalb nicht hören. Wenn du aber morgen kommst, so will ich dich zu ihm hinführen.«

Als nun Catarina nach Hause gegangen war, ging das Schicksal ihrer Herrin zu dem Schicksal des Mädchens und sprach: »Liebe Schwester, warum läßt du nicht endlich die arme Catarina wieder gute Tage sehen? Hat sie nicht genug Leid gelitten?«

Da sagte Catarinas Schicksal: »Führe sie morgen zu mir, so will ich ihr etwas schenken, das soll ihr aus aller Not helfen.«

Als nun Catarina am nächsten Morgen das Brot brachte, führte das Schicksal ihrer Herrin sie zu ihrem eigenen. Das gab ihr einen Strang Seide und sprach: »Verwahre sie wohl, sie wird dir nützen.«

Freudig ging Catarina nach Hause und sagte zu ihrer Herrin: »Da hat mir mein Schicksal einen Strang Seide geschenkt, aber was soll ich wohl damit machen?«

»Nun«, sagte die Herrin, »verwahr sie wohl, sie wird dir schon nützen.«

Da begab es sich nach kurzer Zeit, daß der junge König heiraten sollte. Er ließ sich seine königlichen Hochzeitsgewänder anfertigen. Als aber der Schneider ein schönes Kleid nähen wollte, war nirgends Seide von derselben Farbe zu finden. Der König ließ im ganzen Lande verkünden, wer

solche Seide habe, solle sie an den Hof bringen, sie werde ihm gut bezahlt werden.
»Catarina«, sprach die Herrin, »dein Strang Seide ist ja von derselben Farbe. Bring sie doch dem König, damit er dir ein schönes Geschenk mache.«
Catarina legte ihre besten Kleider an und ging an den Königshof. Als sie vor den König trat, war sie so schön, daß er kein Auge von ihr wenden konnte.

»König«, sagte sie, »ich habe Euch einen Strang Seide gebracht, von jener Farbe, die man im ganzen Lande nicht finden konnte.«
»Gut«, sagte der König, »so will ich sie dir mit Gold aufwiegen.«
Es wurde eine Waage gebracht und auf die eine Seite legte der König die Seide, auf die andere Seite ein Goldstück.
Nun denkt euch, was geschah.
So viele Goldstücke der König auch auf die andere Seite legte, die Seide wog noch immer schwerer. Da ließ der König eine größere Waage holen und alle seine Schätze auf die eine Schale legen, aber die Seide wog immer noch schwerer. Da nahm der König endlich seine goldene Krone vom Haupte und legte sie zu den anderen Schätzen, und siehe da, jetzt erst ging die Waagschale mit der Seide herunter, sie wog genau so viel wie die Königskrone und alle Schätze.
»Woher hast du die Seide?« fragte der König.
»Ich habe sie von meiner Herrin geschenkt bekommen«, antwortete Catarina.

»Nein, das ist nicht möglich«, rief der König.
Da erzählte Catarina, wie es ihr ergangen, seit sie ein reiches Mädchen gewesen war.
Am Hofe aber lebte eine alte weise Frau, und die sprach: »Catarina muß Königin werden, da erst die Königskrone den Wert der Seide aufgewogen hat.«
Der König war damit einverstanden, und so geschah es auch. Seiner andern Braut ließ er sagen, das Schicksal habe es so gewollt.
Und er heiratete die schöne Catarina, und sie lebten glücklich bis an ihren Tod.

15. November

Der Bräutigam und der Wiedergänger

Auf dem Friedhofe zu Reykholar waren einmal vier Männer dabei, für eine Leiche ein Grab zu graben. Es waren lauter lustige Gesellen, einer war besonders übermütig und jung. Als sie tiefer kamen, stießen sie auf Totengebeine, und ein ungeheuer großer Oberschenkelknochen kam zum Vorschein. Der Übermütige nahm ihn auf, besah ihn sich von allen Seiten, stellte ihn neben sich zum Vergleiche, wobei ihm der Knochen von unten bis zur Hüfte gereicht haben soll, obwohl er auch nicht gerade klein war, und sagte zum Spaß: »Das muß ein verdammt kräftiger Bursche gewesen sein im Ringen, den möchte ich zu meiner eigenen Hochzeit einladen!« Die anderen stimmten zu, verhielten sich aber stiller, und der Knochen kam wieder zu den übrigen.
Fünf Jahre später nahm der junge Mann eine Braut, und schon hatte das zweite Aufgebot stattgefunden. Da träumte der Braut drei Nächte hintereinander, daß ein ungeheuer großer Mann an ihr Bett käme und sie fragte, ob ihr Bräutigam wohl noch wisse, was er ihm vor einigen Jahren über-

mütig zugesagt hätte, und in der dritten Nacht fügte er hinzu: »Ich werde sicherlich bei der Hochzeit als Tischgast erscheinen.«

Das Mädchen entsetzte sich darüber und fragte ihren Bräutigam: »Wen hast du denn eigentlich vor, zu unserer Hochzeit einzuladen, Lieber?«

»Ich weiß es noch nicht, Liebe«, sagte er, »ich wollte noch das dritte Aufgebot abwarten.«

»Du hast also noch niemanden eingeladen?« fragte sie.

Es kam ihm sonderbar vor, daß sie ihn so eindringlich fragte. Er begann nachzudenken, und schließlich sagte er: Er müsse zugeben, daß er vor einigen Jahren zu dem Schenkelknochen eines Toten gesagt habe, er möchte einen so großen Mann zur eigenen Hochzeit einladen. Aber das könne man doch eigentlich keine Einladung nennen.

Die Braut wurde ziemlich ernst, und sie sagte, mit Totengebeinen treibe man keinen Spaß. »Denn, das muß ich dir sagen, der Mann, den du so geneckt hast, denkt ernstlich daran, zu unserer Hochzeit zu kommen.« Sie erzählte ihm ihre Träume, und der Bräutigam erschrak nicht wenig darüber und meinte auch, der Spaß wäre besser unterblieben.

In der Nacht darauf erschien ihm ein ungeheurer Mann, groß wie ein Riese, mit finsterem Gesicht, und der fragte ihn, ob er's nun wahr haben wolle, daß er bei der Hochzeit sein Tischgast sei.

Der Bräutigam erschrak und sagte, es müsse nun wohl dabei bleiben.

Jener erwiderte, daß es in der Tat unabänderlich sei, ob es ihm behage oder nicht; er habe es gar nicht nötig gehabt, sich mit seinen Knochen zu befassen, und jetzt möge er merken, was es mit solchen Dingen auf sich habe.

Dann verschwand der Wiedergänger, und der Bräutigam erzählte am Morgen den Traum seiner Braut.

Sie sagte: »Du mußt dir Bauholz und Zimmerleute nehmen und schnellstens ein Haus bauen lassen, groß genug für den Mann zum Aufrechtstehen. Jede Wand soll genau so lang wie hoch sein. Du mußt Teppiche aufhängen lassen wie in einem Hochzeitssaal. Der Tisch dieses Geistes muß mit einem weißen Tuch gedeckt sein, eine Schüssel mit geweihter Erde und eine Flasche mit Wasser soll darauf stehen, denn andere Speisen wird jener nicht nehmen, und neben dem Tisch muß ein Stuhl stehen und auch ein Bett, damit er

ruhen kann, wenn er will. Auf dem Tische aber müssen drei Kerzen stehen und du selbst mußt den Gast zu dem Hause begleiten, aber nicht vor ihm hergehen oder mit ihm unter dasselbe Dach treten. Auch keinerlei Einladung von ihm annehmen und möglichst wenig mit ihm reden. Das Haus mußt du verschließen und fortgehen, sobald du ihm angeboten hast, was auf dem Tisch steht.«

Und der Bräutigam tat in allem so, wie die Braut ihm geraten hatte.

Als der Hochzeitstag kam, wurde die Trauung auf die übliche Weise vollzogen. Dann setzte man sich zu Tische, und als es dunkel geworden war, stand man wieder vom Tische auf, ohne daß etwas Besonderes geschehen wäre. Die einen der Gäste gingen im Hochzeitssaal auf und ab, die anderen saßen beim Trunk und unterhielten einander. Das Brautpaar war der Sitte nach noch ruhig sitzengeblieben.

Da pochten starke Schläge an die Tür. Keiner hatte besondere Eile aufzumachen; die Braut stieß den Bräutigam leise an, der aber war leichenblaß geworden. Als so eine kleine Weile vergangen war, wurde noch heftiger gepocht. Da nahm die Braut den jungen Ehemann bei der Hand, führte den Widerstrebenden zur Tür und öffnete. Ein ungeheuer großer Mann stand vor ihnen und sagte, er sei jetzt als Hochzeitsgast gekommen. Da schob die Braut ihren Bräutigam zum Hause hinaus, damit er den Geist empfinge, schloß die Türe hinter ihm und bat Gott, ihn zu stärken.

Der Bräutigam begab sich mit dem Manne zu jenem Hause und wies ihn hinein. Der hieß ihn vorangehen; aber er weigerte sich. Schließlich ging der Fremde voran, sagte aber, der Bräutigam möge sich von nun an hüten, sich jemals wieder mit den Knochen eines Toten einzulassen. Der Bräutigam tat, als höre er das nicht, und bat ihn, sich nun an den aufgetischten Speisen gütlich zu tun und zu entschuldigen, daß er nicht bei ihm bleiben könne.

Der Fremde bat den Bräutigam, doch einen Augenblick hereinzukommen; aber der weigerte sich wieder. Da sagte der Wiedergänger: »Da du nun diesmal nicht bei mir bleiben oder zu mir hereinkommen kannst, so hoffe ich, du wirst mir dafür den Gefallen erweisen, einer Einladung zu mir Folge zu leisten.«

Aber der Bräutigam lehnte auch dies auf das entschiedenste ab und warf die Tür ins Schloß. Dann ging er zum Hochzeitsmahl zurück, wo es den Gästen sehr bange geworden war. Nur die Braut saß heiter da. Dann verabschiedeten sich die Gäste allmählich, und das Ehepaar ging zu Bett und schlief bis zum Morgen.

Am Morgen wollte der Mann nach dem späten Gast sehen, aber die junge Frau ließ ihn keinen Schritt dorthin alleine tun. Sie ging vielmehr voran und schloß auf; da war der Gast

verschwunden, das Wasser war ausgetrunken, die Erde von der Schüssel aber über den ganzen Boden verstreut.
»Das habe ich geahnt«, sagte die junge Frau, »wärest du vor mir hineingegangen und auch nur mit einem Fuß auf diese Erde getreten, so wärest du dadurch in die Gewalt des Wiedergängers geraten und hättest nie mehr zu den Menschen zurückkehren können. Mir aber schadet es nichts, wenn ich hineingehe, und ich will nun das Haus auskehren und reinigen.«
Andere wieder erzählen, daß der Wiedergänger, als er sich davongemacht habe, am Hochzeitshaus an der Schlafkammer gesprochen habe:

»Meinen Dank verdient ihr nicht
Für das Hochzeitsfestgericht:
Erde nur und Wasser blank,
Dafür gibt es keinen Dank.«

Seitdem ist der Wiedergänger nicht mehr erschienen; und die Eheleute lebten in Glück und Liebe beisammen.

16. November

Die Knochen des Toten

In einem Dorf war einmal ein reicher Bauer, der trank gerne Schnaps. Er trank vom Morgen bis zum Abend und kümmerte sich nicht um seine Wirtschaft. Wenn er betrunken heimkam, zankte er mit seiner Frau und verdrosch sie und seinen Sohn so, daß die Nachbarn zu Hilfe kommen mußten.
Auf dem Ondrojnik hauste zu jener Zeit ein altes Weib. Man sagte von ihr, daß sie eine Hexe sei, aber dennoch wußte niemand etwas Böses von ihr, denn sie war harmlos und tat

keinem Menschen ein Leid. Sie gab vielmehr den Leuten allerlei gute Ratschläge und half ihnen gegen Übel und Krankheiten und war weit und breit als gute Ärztin bekannt.
Zu dieser Frau ging einmal der Sohn des Säufers und klagte bitter über seinen Vater. Er saufe in einem fort und habe bereits das halbe Anwesen vertrunken.
Da sagte die Frau zu ihm: »Nimm hier die Axt und grabe dort unter jener Tanne. Du wirst die Knochen des Bauers Hemela ausgraben, der sich vor dreißig Jahren an dem Baume aufgehängt hat. Die Knochen binde in ein Tuch und lege sie dem Vater unter das Kopfkissen.« Der Sohn tat so, wie ihm die Alte geraten hatte.
Als der Bauer abends heimkam, brüllte und lärmte er wieder, schrie Frau und Sohn an und wollte sie schlagen. Er drohte sogar, sie totzuschlagen.
Da liefen die Nachbarn zusammen und banden den alten Trunkenbold mit Stricken, bis er sich nimmer rühren konnte. Dann fiel der Betrunkene in tiefen Schlaf.
Da klopfte es um Mitternacht ans Fenster, in der Stube pfiff der Wind, alle erwachten, der Sohn, die Mutter und selbst der noch immer in seinen Fesseln liegende Vater. Dann wurde es licht in der Stube und beim Bett des Vaters stand ein Geist. Der Bauer zitterte vor Furcht am ganzen Körper.
»Kennst du mich?« schrie der Geist den Säufer an. »Ich bin der Geist des Hemela, der seinen Hof vertrank, die Frau und die Kinder in Elend und Not hinterließ und sich im Wald erhängte.«
Der Trinker zitterte wie Espenlaub. Er wäre gern aufgesprungen und dem Geist zu Füßen gefallen, aber er konnte sich nicht rühren und winselte mit schwacher Stimme: »Ich bitte dich um Gottes willen, Hemela, ich werde den Branntwein lassen.«
»Ich bin gekommen, um –« der Geist wollte sagen, er sei gekommen, um seine Knochen zu holen, die ihm aus dem Grabe gestohlen worden seien, aber der Säufer im Bette

fürchtete, der Geist wäre gekommen, um ihn zu holen, weshalb er ausrief: »Bei Gott bitte ich dich, Hemela, ich werde nimmermehr trinken und ich lasse für dich Messen lesen, damit du im Grabe Ruhe hast!«
»Du mußt Messen lesen lassen und du mußt dich bessern, denn ich steh' höllische Qualen aus.« Dabei stieß der Geist

einen schweren Seufzer aus. »Ich habe im Grabe keine Ruhe, und wenn du dich nicht besserst, wirst auch du dich aufhängen und nach dem Tode umgehen!«
Kaum hatte der Geist dies gesagt, als wieder der Wind durch die Stube blies und der Schein und der Geist verschwanden. In der Stube aber blieb ein höllischer Gestank zurück, weshalb die Frau des Säufers die geweihte Kerze anzündete und die Fenster öffnete.
Der Sohn befreite den Vater von seinen Fesseln, und alle drei beteten nun bis zum Morgen, damit sie von weiteren Besuchen des Gehängten verschont bleiben möchten.
Am Morgen sah der Sohn im Bette des Vaters nach: die Knochen des Gehängten waren verschwunden. Der Geist hatte sich sein Eigentum geholt.
Von dieser Zeit an war der Bauer wie ausgewechselt, und er konnte keinen Branntwein mehr sehen.

17. November

Der starke Hans

Eine Viehmagd hatte einen Sohn, namens Hänschen. Sieben Jahre säugte sie ihn, dann ging er hinter den Gutshof, wo eine große Eiche stand, und versuchte, die Eiche auszureißen. Aber sie rührte sich kaum. Da ging er zur Mutter und sagte: »Du mußt mich noch sieben Jahre säugen.«

Da säugte sie ihn noch sieben Jahre, und dann ging er abermals hinaus und versuchte, die Eiche auszureißen. Diesmal hob er sie mit Leichtigkeit auf und steckte sie an seine Mütze. Und dann ließ er sich aus vier Schiffspfund Eisen einen Stab schmieden, nahm den Stab in die Hand und warf ihn mit dem kleinen Finger in die Luft. Dann legte er sich auf den Rücken, streckte ein Bein in die Höhe und wartete auf den Stab. Der Stab fiel auf seine Fußsohle und zerbrach. Da ließ er noch ein fünftes Schiffspfund dazuschmieden, warf den Stab wieder in die Höhe und erwartete ihn mit dem kleinen Finger; diesmal bog sich der Stab nur ein klein wenig.

Da machte er sich auf den Weg und begegnete zwei Ameisen. Die kämpften um ein Würmchen und baten: »Hänschen, Brüderchen, teil es uns, wir werden dir auch in der Not beistehen.«

Er drückte das Würmchen mit dem Stab in zwei Hälften, und die Ameisen liefen davon, jede nach ihrer Seite.

Darauf traf er zwei Schlangen, die stritten um einen Knochen und baten: »Hänschen, Brüderchen, teil ihn uns, wir werden dir auch in der Not beistehen.«

Da drückte er mit dem Eisenstabe auf den Knochen, der Knochen barst entzwei, und sie krochen fort, jede auf ihre Seite.

Nun ging er wieder ein Stückchen, zwei Wölfe stritten um ein altes Pferd und baten:

»Hänschen, Brüderchen, teil es uns, wir werden dir auch in der Not beistehen.«
Er drückte mit dem Eisenstab auf das Pferd, so daß jeder eine Hälfte bekam, und dann ging jeder seines Weges.
Und wieder ging Hans ein Stückchen und fand zwei Bären, die stritten sich um einen Bienenstock: »Hänschen, Brüderchen, teil ihn uns, wir werden dir auch in der Not beistehen.« Und er brach den Bienenstock mitten entzwei, gab jedem eine Hälfte, und sie gingen ihres Weges fort.
Aber als er wieder ein Stück gegangen war, legte er sich auf einen Erdhügel schlafen.
Da kam ein großes Weib und sagte: »Hänschen, mein Söhnchen, wenn ich wollte, könnte ich dich um einen Kopf kürzer machen, aber mag er stehenbleiben.« Und das Weib legte sich, nicht weit von ihm, ebenfalls zur Ruhe nieder.
Da erhob er sich, nahm wieder seinen Eisenstab und sagte: »Wenn ich wollte, so könnte ich dich jetzt um einen Kopf kürzer machen, aber er mag dir auf den Schultern stehenbleiben, ich gehe fort.«
Er ging fort und kam zu einer alten Hütte, dort war bloß ein altes Mütterchen, das sagte: »Hänschen, mein Söhnchen, bist du hergekommen?«
Er erwiderte: »Ja, Mütterchen, ich bin hergekommen.«
Da sagte sie: »Hänschen, mein Söhnchen, kannst du nicht bei mir bleiben?«
»Freilich, Mütterchen, kann ich bleiben, warum denn nicht? Was für eine Arbeit werdet Ihr mir geben?«
»Drei weiße Stuten sollst du drei Tage lang auf die Weide treiben; dafür gebe ich dir drei Kübel Geld. Und jede der Stuten wird ein Füllen haben, du darfst dir als Lohn nach Belieben eins wählen.«
Des Morgens, nachdem er ausgeschlafen hatte, kam sie und sagte: »Nun, Hänschen, mein Söhnchen, hast du schon ausgeschlafen? Komm frühstücken, dann kannst du deine Stuten auf die Weide reiten.«
Da ging er hin und frühstückte; und sie gab ihm drei

Weißbrote und drei Flaschen Wein mit. Er nahm seine drei Stuten, ritt auf die Weide und koppelte sie dort zusammen. Es war ein großes Weideland, doch weideten die Stuten dicht um ihn her. Und er verzehrte die Weißbrote, trank den Wein und legte sich schlafen. Als er vom Schlaf erwachte – die Sonne stand schon in halber Höhe –, da waren alle Stuten verschwunden. Er suchte sie, konnte sie aber auch im Walde nicht finden.

Da rief er: »Ameisen, Schlangen, Wölfe, Bären, kommt mir jetzt in der Not zu Hilfe.«

Da kamen all die Tiere zusammen, nicht bloß die acht, sondern alle, die es überhaupt gab. Er aber setzte sich am Waldrand hin und wartete. Und sie trieben alle drei Stuten herbei. Er führte sie nach Hause.

Das Mütterchen lief ihm entgegen: »Hänschen, mein Söhnchen, hast du sie heimgeführt? Geh und iß dein Abendbrot, es steht schon auf dem Tisch.«

Dann aber fing sie an, die Stuten mit einer eisernen Peitsche zu prügeln, daß die Funken sprühten, und rief: »Ihr niederträchtigen Tiere, warum seid ihr nicht entwischt? Ihr niederträchtigen Tiere, warum seid ihr nicht entwischt?«

Hänschen verzehrte sein Abendbrot und ging wieder in den Stall schlafen.

Morgens, als er ausgeschlafen hatte, kam die Alte: »Hänschen, mein Söhnchen, hast du schon ausgeschlafen? Dann iß dein Frühstück und reit' mit den Stuten zur Weide.«

Gut. Sie gab ihm wieder drei Weißbrote und drei Flaschen Wein. Er nahm die drei Brote und die drei Flaschen Wein und die drei Stuten und ritt wieder zur Weide. Dort koppelte er die Stuten zusammen, trank die drei Flaschen Wein, aß die drei Weißbrote und legte sich wieder schlafen.

Er wachte gegen Abend auf – die Sonne stand schon tief, und von den Stuten war keine zu sehen. Er durchsuchte den Wald, konnte sie aber nicht finden.

Da rief er wieder: »Ameisen, Schlangen, Wölfe, Bären, kommt und helft mir in der Not!« Da kamen all die Tiere

zusammen, nicht bloß die acht, sondern alle, die es überhaupt gab. Die fanden die Stuten, sie hatten sich unter der Erde verkrochen. Er nahm sie und ritt wieder nach Hause. Wieder kam ihm die Alte entgegengelaufen und fragte: »Hänschen, mein Söhnchen, hast du sie gut gehütet?«
Er erwiderte: »Ja, Mütterchen, ich habe sie gut gehütet.«
Da nahm sie die Stuten, führte sie in den Stall und sagte: »Nun, Hänschen, mein Söhnchen, geh und iß dein Abendbrot, und dann wäre es Zeit, ins Bett zu gehen.«
Da ging er sein Abendbrot essen, aber sie prügelte die Stuten mit der eisernen Peitsche, daß die Funken sprühten, und rief: »Ihr niederträchtigen Tiere, warum seid ihr nicht entwischt? Ihr niederträchtigen Tiere, warum seid ihr nicht entwischt?«
Hänschen aß sein Abendbrot und ging wieder in den Stall schlafen.
Des Morgens, als er ausgeschlafen hatte, kam die Alte: »Hänschen, mein Söhnchen, hast du schon ausgeschlafen? Komm und iß dein Frühstück, dann wäre es Zeit, deine Stuten zur Weide zu reiten.«
Gut. Als er gefrühstückt hatte, übergab sie ihm wieder drei Weißbrote und drei Flaschen sehr starken Wein.
Nun machte er sich wieder auf, die Stuten auf die Weide zu treiben. Nachdem er die drei Flaschen Wein ausgetrunken und die drei Weißbrote verzehrt hatte, legte er sich wieder schlafen. Wieder erwachte er gegen Abend – die Sonne stand schon tief, und keine der Stuten war zu sehen. Er durchsuchte auch den Wald, fand sie aber nicht.
Da rief er seine Tiere. Diese liefen zusammen und suchten überall, sogar in den Wipfeln der Bäume, fanden aber nichts. Aber die Flügelschlangen flogen zu den Wolken empor und trieben die Stuten von dort herab. Da nahm er sie und ritt mit ihnen heim.
Wieder lief ihm die Alte entgegen und rief: »Hänschen, mein Söhnchen, hast du sie gut gehütet?«
Er antwortete: »Ja, Mütterchen, wohl habe ich sie gehütet.«

Da sagte sie: »Geh und iß dein Abendbrot!«
Dann nahm sie die Stuten und führte sie in den Stall. Sie prügelte sie aber nicht – am folgenden Morgen brauchten sie nicht mehr geweidet zu werden.
Dann aß er sein Abendbrot und ging wieder in den Stall schlafen.
Die Stuten hatten Fohlen: zwei waren weiß, das dritte war schwarz und hatte einen Fleck auf der Stirn, und ein jedes hatte einen Apfel im Maul.
Da kam die Alte, nahm den zweien ihre Äpfel, schnitt sie entzwei und legte die Hälften dem schwarzen ins Maul, dem, dessen Apfel noch heil war. Aber Hans hatte alles gesehen, was die Alte tat. Dann nahm sie noch das schwarze Fohlen, zerknutschte es, daß es ganz schlapp wurde, und steckte es unter die Krippe.
Des Morgens kam die Alte und sagte: »Hänschen, mein Söhnchen, steh auf und komm zum Frühstück, dann kannst du dein Füllen und das Geld nehmen und fortreiten.«
Gut. Er aß, empfing seine Kübel Geld und ging in den Stall, um auch das Füllen zu nehmen. Als er hinkam, rannten die weißen Fohlen lustig durch den Stall, aber das schwarze lag struppig und schlapp unter der Krippe.
Da ging er hin, das schwarze zu nehmen, aber die Alte sagte: »Hänschen, mein Söhnchen, weshalb willst du dir das ausgemergelte Tier nehmen?«
Er erwiderte: »Laß mich, Mütterchen, ich will das schwarze, wenn es auch ausgemergelt ist.« Er nahm sich das schwarze, legte ihm den Zaum an und sattelte es, und als er es gesattelt hatte, da war es schon ganz stattlich herangewachsen, und als er auf seinen Rücken stieg, da war es schon ein großes Pferd.
Gut, er ritt davon. Nachdem er ein Stück geritten war, sah er eine schöne Blume. Er wollte sie pflücken, aber das Pferd sagte: »Hänschen, Brüderchen, pflücke sie nicht! Dir bringt es Leid und mir bringt es Leid.« Da folgte er dem Pferde und pflückte sie nicht.

Als er wieder ein Stück geritten war, da sah er wieder eine Blume und wollte sie pflücken; aber das Pferd bat, sie nicht zu pflücken: »Dir bringt es Leid und mir bringt es Leid.« Da folgte er dem Pferde und pflückte sie nicht.
Als er abermals ein Stück geritten war, da war wieder eine Blume, und ein wundervoller Duft strömte ihm aus ihr entgegen. Da ritt er hinzu und sagte: »Die pflückte ich!« Das Pferd bat: »Hänschen, Brüderchen, pflück sie nicht; dir bringt es Leid und mir bringt es Leid.« Doch er folgte dem Pferd nicht und pflückte die Blume.
Nun ritt er weiter und kam in eine Stadt. Er ritt hinein und trat beim König in Dienst. Der König hatte seinen alten Diener entlassen und nahm Hänschen an dessen Stelle. Aber er bat, der König möge ihm ein eigenes Zimmer geben, damit er seine Blume verwahren könne und die anderen sie ihm nicht nähmen. Der König gab es ihm. Dann bat Hans, er möge seinem Pferde einen Platz im Stalle geben. Auch das bewilligte der König und ließ es da unterbringen, wo seine eigenen Fahrpferde standen.
Aber der alte Diener war unzufrieden, daß man ihn abgesetzt und den neuen Diener genommen hatte. Als nun der König eines Morgens aufstand und spürte, welch süßer Duft die ganze Stadt durchdrang, begriff er nicht, woher der komme. Da sagte der alte Diener, der neue habe in seiner Kammer eine Blume, von der der Duft ausgehe. Der alte Diener wollte die Blume stehlen. Eines Tages nun hielt der

König einen Mittagsschlaf und sagte dem neuen Diener, er solle sich auch hinlegen. Als dieser nun eingeschlummert war und eine Zeit geschlafen hatte, kam der alte Diener hereingelaufen und sagte, er solle schleunigst gehen, der König habe gerufen. Hänschen eilte fort und vergaß, die Tür zu schließen. Da lief der alte Diener hinein und stahl die Blume. Hänschen eilte zum König, der hatte nicht gerufen, fiel ihm gar nicht ein, er schlief. Da ging er in seine Kammer und fand die Blume nicht mehr. Als nun der König aufgestanden war, brachte ihm der alte Diener die Blume und sagte, der neue Diener könne ihm auch eine Prinzessin bringen, die ebenso schön wäre wie die Blume. Da befahl der König dem neuen Diener, ihm eine solche Prinzessin zu bringen; täte er das nicht, ließe er ihm den Kopf abschlagen.
Hänschen ging zu seinem Pferde und weinte. Das Pferd sagte: »Ich habe es dir ja gesagt, daß es nicht gut abgehen würde. Du hast nicht auf mich gehört, jetzt hast du es – ich kann dir nicht helfen.«
Als er sich ausgeweint hatte, sagte das Pferd: »Mach dich auf den Abend fertig und sattle; dann laß mich laufen, wohin ich will, ich werde dich übers Meer tragen, irgendwohin bis zu einem Schloß.«
Gut. Hänschen ritt übers Meer, das Pferd rannte wie der Blitz. Zuletzt kamen sie in eine große Stadt. Da sagte das Pferd: »Ich werde zu einem Fenster laufen, dort sitzt eine Jungfrau und näht, die faß an der Hand und heb sie zum Fenster heraus, dann wollen wir wieder zurückreiten.«
So geschah es, und nun ritt er mit ihr übers Meer zurück. Aber während sie ritten, warf sie ihren Ring fort; und als sie ein Stück geritten waren, warf sie ihren Schlüsselbund fort, schließlich langten sie in der Stadt an.
Der König war hoch erfreut, daß der neue Diener ihm eine so schöne Jungfrau gebracht hatte, denn er war noch nicht verheiratet.
Aber sie war am Morgen sehr betrübt. Der König fragte: »Was fehlt dir?«

Sie sagte: »Mich dauert mein Ring, er ist mir ins Meer gefallen wie mein Schlüsselbund.«
Er erwiderte: »Sei nicht traurig, ich will sie dir schnell herbeischaffen.«
Da befahl er dem neuen Diener, den Ring und die Schüssel zu suchen. Der ging zu seinem Pferde und klagte: »Jetzt muß ich den Ring und die Schlüssel suchen, die im Meer liegen.«
Das Pferd sagte: »Ja, da kann ich dir nicht helfen.« Aber zuletzt sagte es doch: »Backe drei Backöfen voll Brot und schlachte fünf Ochsen, dann zerschneide das Fleisch und das Brot fein, mische alles zusammen und streue es in einem langen Streifen am Strande aus; dann wird ein Fisch herauskommen, und der wird den Ring auf der Nase haben. Beim Essen wird er ihn fallen lassen, dann nimm ihn; dann wird noch ein anderer Fisch herauskommen, und der wird den Schlüsselbund auf der Nase haben; dann nimm auch den Schlüsselbund.«
Gut, er machte es so. Da kamen die beiden Fische heraus, der eine mit dem Schlüsselbund und der andere mit dem Ring. Und da brachte Hänschen die Schlüssel und den Ring nach Hause und übergab sie der Prinzessin; die freute sich sehr.
Nun ging der König eines Morgens zu ihr, und sie war wieder traurig. Er fragte sie: »Was fehlt dir denn jetzt, warum bist du so betrübt?«
Sie sagte: »Ach, es gibt ein schönes Schloß, das möchte ich haben.«
Da sagte er: »Das kann ich dir auch bald besorgen.«
Und er befahl dem Diener, das Schloß herzubringen: »Bringst du es nicht, so werde ich dir den Kopf abhauen.«
Da ging Hänschen zu seinem Pferde, umschlang seinen Hals und weinte.
Sprach das Pferd: »Gib mir nur gut zu fressen, zwei Sack Hafer und zwei Sack Mehl, aber mach hurtig, – ich muß schnell fressen. Dann setz dich am Abend auf meinen Rükken und überlaß alles mir, ich werde schon von selbst laufen.

Ich werde an die Ecke eines Schlosses laufen, dort wird eine eiserne Klammer sein; diese Klammer faß an und rufe dreimal: ›Hup, hup, hup!‹«

Gut, er ritt über das Meer zu einem Schloß, packte die Klammer und rief dreimal: »Hup, hup, hup!« Da folgte ihm das Schloß, und er nahm es mit und stellte es genau dem alten Schloß gegenüber hin. Und das alte Schloß sah jetzt im Vergleich mit dem neuen wie eine Hütte aus. Da freute sich die Prinzessin sehr.

Aber eines Morgens ging der König wieder zu der Prinzessin hinein, und sie war sehr traurig.

Er fragte: »Was fehlt dir denn jetzt, daß du so traurig bist?«

Sie erwiderte: »Alles wäre gut, aber der König ist alt.«

Er sagte: »Was soll man da machen?«

Sie erwiderte: »Ich will einen jungen. Hänschen soll König werden.«

Hänschen hatte das gehört, er ging zu seinem Pferde und erzählte es ihm.

Das Pferd sagte: »Geh hin und erkundige dich genau. Und wenn es sich so verhält, so komm wieder zu mir.«

Da fragte ihn die Prinzessin, ob er ihr Mann werden wolle. Er aber ging und sagte es seinem Pferde.

Das Pferd erwiderte: »Führ mich zum Meeresstrand und hau mir den Kopf ab!«

Er führte es zum Strande, getraute sich aber nicht, ihm den Kopf abzuhauen.

Aber das Pferd sagte: »Hau nur zu, weder du noch ein anderer wird mich dann mehr quälen.

Und wenn du mir den Kopf abgehauen hast, mußt du ihn ins Meer werfen.«

Da hieb er ihm den Kopf ab und warf ihn ins Meer.

Dann entfernte er sich ein Stück vom Strande, da kam ein junger Mann eilig hinter ihm her.

Hänschen fragte ihn: »Wohin gehst du?«

Er antwortete: »Kannst du mich nicht als Diener gebrauchen? Kennst du mich nicht mehr?

Ich bin ja dein Pferd, dem du den Kopf abgehauen hast.«
Da wurde Hänschen im Schloß König, und sein ehemaliges Pferd wurde sein Diener.

18. November

Der Besenbinder und der König

Es war einmal ein alter Mann, der konnte nichts weiter, als im Walde Reiser schneiden und Besen daraus binden. Er lud sich eine Fuhre voll und begab sich damit nach der Stadt. Unterwegs begegnete ihm der König, aber der alte Mann wußte nicht, daß es der König war. Und der König sprach zu dem Alten: »Nimm mich mit nach der Stadt, ich bezahle dir, was du willst!« Der alte Mann nahm ihn hinter sich in den Schlitten, und sie fuhren fort.
Während sie fuhren, nahm der König alle Besen und warf sie aus dem Schlitten auf den Weg. Der alte Mann aber hatte nichts davon gemerkt, bis sie in die Stadt kamen. Als er da hinter sich in den Schlitten guckte, war kein Besen mehr da. Er fing an, den König zu schelten: »Warum hast du meine Besen fortgeworfen, du Lümmel? Jetzt krieg ich kein Brot ins Haus.«
Da sprach der König: »Verklag mich, wenn du willst!«
Da verklagte er ihn und erzählte auf dem Gericht, daß er unterwegs einen Mann auf den Schlitten genommen und in die Stadt gebracht habe, und jener ihm zum Dank dafür alle Besen aus dem Schlitten geworfen habe.
Da sagten die Gerichtsherren: »Er wird dich schon bezahlen, wenn er dir Unrecht getan hat.« Am nächsten Tage gingen sie beide vors Gericht. Der König warf hundert Taler auf den Tisch, um die Gerichtsherren zu gewinnen, und sie sprachen den König frei – wußten aber nicht, daß es der König war.

Als sie nun beide aus dem Gerichtshof kamen, der König und der alte Mann, sagte der König zum Alten: »Verklag mich noch einmal, wenn du willst.«
Und der Alte verklagte ihn zum zweitenmal, bei einem höheren Gericht.
Da sagten sie ihm wieder: »Er bezahlt dich schon, wenn er dir Unrecht getan hat.«

Am folgenden Tag wurden beide vor Gericht geladen, hier gaben sie dem König wieder recht und dem Alten unrecht, denn sie sagten: »Warum hast du ihn betrunken auf den Schlitten genommen?«
Da verklagte ihn der Besenbinder zum drittenmal, diesmal bei der höchsten Gerichtsbarkeit. Der König aber gab wieder Geld, und sie verurteilten wieder den armen Mann.
Dann gingen sie aus dem Gerichtssaal fort, und der König bestellte den Mann zu sich ins Schloß. Er schenkte ihm achthundert Taler und sagte: »Geh jetzt nach Hause und mache dir ein gutes Segelboot! Dies ist der Lohn für die Arbeit. Dann flicht dreitausend Paar Rindenschuh und komm am Johannistag in die Stadt unten zur Brücke beim Schloß! Hier verkauf die Schuhe, doch das Paar nicht unter drei Taler!«

Und der König veranstaltete am Johannistage ein großes Fest und gab den Befehl: »Alle müssen zu dem Fest in Rindenschuhen erscheinen«, und er machte bekannt, daß an dem Tage neben der und der Brücke welche zu kaufen seien. Da verkaufte der Mann seine ganze Ware, denn die Kaufleute und alle andern liefen dahin, wo ihnen befohlen worden war zu kaufen. Alle kauften sich Schuhe, für drei Taler das Paar. So bekam der arme Mann reichlich wieder, was er an der Fuhre verloren hatte.
Die Gerichtsherren aber wurden aus ihrem Dienst entlassen, weil sie ehrlos gerichtet hatten.

19. November

Der Mann aus Zucker

Es war einmal ein König und eine Königin, die hatten eine sehr schöne Tochter, aber die wollte sich nicht verheiraten, sondern sich lieber selber aus Zucker einen Mann machen. Sie kaufte also Zucker und setzte sich heimlich hin, zerstieß ihn und siebte ihn durch; knetete ihn gut und bildete daraus einen schönen Mann, wie sie ihn sich wünschte. Dann schloß sie sich in ihr Zimmer ein, zündete Kerzen an und bat Gott, den Mann zum Menschen zu machen. Vierzig Tage und Nächte betete sie, und vom vierzigsten Tage an bekam der Zuckermann menschliche Farbe und sprach.
Das Mädchen lief sogleich zu ihren Eltern und sagte: »Mein Zuckermann ist lebendig geworden.« Da wurde im Volke bekannt, daß der Zuckermann spräche und bald Hochzeit sein sollte. Das ganze Volk kam herbei, um ihn zu sehen, und freute sich, weil er ein sehr schöner und süßer Mann war. Musik, Trommeln, große Freude! Die Hochzeit wurde gefeiert, und sie lebten sehr glücklich.

In allen Ländern erfuhr man, ein Zuckermann sei lebendig geworden und habe die Prinzessin zur Frau erhalten.

Eine andere Prinzessin hörte dies und verliebte sich schon in ihn, ohne ihn gesehen zu haben; ja, sie wurde sterbenskrank und sagte: »Entweder bekomme ich ihn zum Mann oder ich sterbe.«

Die Eltern sagten zu ihr: »Wie willst du ihn bekommen, da er verheiratet ist?«

Aber die Prinzessin hörte auf nichts, sondern schloß sich in ihr Zimmer ein, ohne zu essen, ohne zu trinken, ohne zu schlafen; sie wollte um jeden Preis den Zuckermann bekommen.

Die Ärzte gaben sie verloren. Man stelle sich den Kummer der Eltern vor! Denn sie waren alt und hatten kein anderes Kind.

Der König rief alle Großen des Reiches zusammen, um zu beraten, was er tun solle, da die Ärzte keine Hoffnung mehr hatten. Einer von den Räten des Königs sagte, er solle ein Schiff nehmen, große Geschenke einladen und dem Zuckermann bringen; dann solle er ihm auf dem Schiff ein Gastmahl geben und, während des Essens, die Anker lichten und den Zuckermann entführen.

Die andern nahmen seinen Vorschlag an; sie verloren keine Zeit, rüsteten am anderen Tag das Schiff, nahmen die Geschenke mit und fuhren ab, um den Zuckermann aufzusuchen. Das Schiff kam also dort an, die Abgesandten stiegen mit den Geschenken aus und gingen ins Schloß. Sie überreichten dem Zuckermann die Geschenke und luden ihn und auch den König zu einem Mahl auf dem Schiffe ein.

Der alte König schlug es ab und sagte: »Ich bin ein alter Mann, aber mein Schwiegersohn mag gehen.«

Der Zuckermann ging und fragte seine Frau, ob sie ihn auf das Schiff zum Essen gehen lassen wolle; die Frau wollte ihn nicht gehen lassen, hängte sich an seinen Hals und sagte zu ihm: »Ich lasse dich nicht.«

Aber ihre Eltern sagten zu ihr: »Das geht nicht; da sie uns so

große Geschenke gebracht haben, muß er zum Essen gehen und bald zurückkehren.« Und so beschlossen sie, er solle gehen, aber nicht lange bleiben. Er ging also; und als er auf das Schiff gestiegen war und sie aßen, wurde der Anker gelichtet und sie fuhren mit großer Schnelligkeit ab. Bei Tische fingen sie an, verschiedene Geschichten zu erzählen, und der Zuckermann hörte sie mit großem Vergnügen an.
Als nun die Tafel und die Geschichten zu Ende waren, erhob er sich, um sich zu verabschieden und ins Schloß zurückzukehren, aber sie sagten zu ihm: »Du kannst unmöglich fliehen, mein König, wir werden dich zu unserem König führen, und dann sogleich wieder zurückbringen.«
Der Zuckermann fing an zu schreien, zu weinen, er wollte sich ins Meer stürzen, aber sie sagten zu ihm: »Habe etwas Geduld, damit du nicht krank wirst, und morgen bringen wir dich sogleich zurück.«
Endlich kam das Schiff an, und sie gingen und benachrichtigten den König, daß sie den Zuckermann hätten. Ich kann euch die Freude der Prinzessin gar nicht schildern, als sie erfuhr, daß sie ihr den Zuckermann brachten.
Er aber wurde vor Kummer krank, und die Prinzessin tröstete ihn: »Werde gesund, und ich will dich selbst zu deiner Frau bringen.«
Nach und nach täuschte sie ihn und beruhigte ihn und fing an, ihm zu gefallen, und nach kurzer Zeit nahm er sie zur Frau.
Lassen wir die in ihrem Glück und kehren wir zu der ersten Frau des Zuckermanns zurück. Die Unglückliche erwartete ihn am Fenster, als sie plötzlich das Schiff weit fortfahren sah; da fing sie an zu weinen und zu schreien, und sagte zu ihren Eltern: »Ich muß gehen und ihn suchen; denn ich kann nicht ohne ihn leben.«
Die Eltern versuchten, sie zu trösten und sagten zu ihr: »Liebes Kind, bleib hier, wir wollen Leute ausschicken und ihn suchen lassen.«

Aber sie wollte auf niemanden hören, sie nahm reichlich Geld mit sich und drei goldene Kleider. Das eine war der Himmel mit den Sternen, das zweite die Erde mit den Blumen, das dritte das Meer mit den goldenen Fischen. Sie zog sich als Mann an, steckte ihre Locken hoch, warf eine Kapuze über den Kopf und nahm die Tasche mit den goldenen Kleidern, ihren Rosenkranz, ihren Stock und sagte zu ihren Eltern, sie sollten sich nicht grämen, nach kurzer Zeit würde sie mit dem Zuckermann zurückkommen; nur eine Hilfe erbäte sie von ihnen, sie sollten ihr ein Schiff zur Verfügung stellen. Sie gaben ihr also ein Schiff; sie umarmte ihre Eltern, küßte sie, sie weinten, und so ging sie weg.
Von Ort zu Ort fährt die Prinzessin und fragt hier und dort nach ihrem Mann; dann sieht sie plötzlich in einem Ort viel Volk zusammen und fragt: »Wozu dieser Auflauf, was ist los?« »Wir haben hier«, antworten sie ihr, »den Zuckermann zum König und heute ist ein Jahr vorüber, seit ihn unsere Prinzessin nahm. Jetzt gehen sie in die Kirche und preisen Gott, daß sie so glücklich leben.«
Sie stellte sich an einer Stelle auf, wo sie ihn sehen konnte, wenn er mit seiner anderen Frau vorüberkäme. Dann kehrte sie auf das Schiff zurück, nahm das Kleid mit den Sternen, steckte es in die Reisetasche und befahl ihren Leuten, sich bereitzuhalten zur Rückfahrt. Dann ging sie in das Schloß und bat dort, sie anzunehmen, weil sie keine Stellung hätte, sie würde jeden Dienst tun, den sie verlangten, denn sie sei fremd und kenne niemanden in diesem Ort.
Sie sagten zu ihr: »Bleibe, bis die Prinzessin kommt, sie kann dich behalten.« Während sie dies zu ihr sagten, sah sie alle in das Schloß zurückkehren, denn die Feier war zu Ende. Da stellte sie sich in einer Ecke des Schlosses auf, und die Prinzessin sah sie.
»Was willst du hier?« fragte sie.
»Ich bin hierhergekommen, da ich fremd bin, damit Ihr mir einen Dienst gebt.«

Die Prinzessin erwiderte: »Wir haben keine Stelle frei, aber da du fremd bist, gebe ich dir einen Dienst«; sie befahl ihr, die Gänse zu hüten.
Einige Zeit verging, und eines Abends holte sie eines ihrer Kleider hervor, den Himmel mit den Sternen.
Eine Magd sah das. »Was ist das für ein Kleid? Ist es deines?«
»Natürlich meines!«
»Was soll die Prinzessin dir geben, damit du es ihr gibst?«
»Ich will nichts, aber da der König so schön ist, so soll sie mich eines Abends zu ihm lassen, dann will ich es ihr geben.«
Da ging die Magd zur Königin hinauf und erzählte ihr: »Ach, Königin! Diese Fremde, die wir genommen haben, hat ein schönes Kleid, den Himmel mit den Sternen, und wenn sie es dir zum Anziehen gibt, so wirst du schön werden, und der König wird dich noch mehr lieben, als er dich jetzt schon liebt.«
»Und was ist das für ein Kleid, das mich so schön machen wird?«
»Beschreiben und sehen ist zweierlei; du hast kein Kleid wie dieses.«
»Ei, geh und frage sie, ob sie es verkauft und wieviel sie will.«
»Ich hab' es ihr schon gesagt, aber sie will es nicht verkaufen. Sie sagte zu mir: ›Ich werde ins Kloster gehen und will kein Geld.‹«
»Ei, was will sie also dafür, daß sie es mir gibt; was will sie damit machen, wenn sie Nonne wird? – Weißt du, was sie will?«
»Sie sagte mir, daß sie eine Nacht bei dem König schlafen möchte, da er so schön ist.«
»Bah; ich will gehen und meine Amme fragen, und was sie mir rät, will ich tun.«
Sie ging zu ihrer Amme und sagte zu ihr: »So und so, da ist eine Fremde, die will ins Kloster; die hat ein schönes Kleid und will es mir nicht geben; ich bot ihr Geld, aber sie will es

nicht, sondern will bei dem König, weil er so schön sei, eine Nacht schlafen.«

»Bah, was für eine Nonne wird das, da sie bei dem König schlafen will? Eine schöne Nonne! Wir wollen ein Schlafmittel in den Wein des Königs tun und ihn in ein Bett legen, und wenn er schläft, wollen wir es ihr sagen, und dann bleibt sie die ganze Nacht mit ihm zusammen.« So geschah es auch. Nach Schluß des Mahles taten sie ihm ein Schlafmittel in den Wein, und er schlief sogleich ein. Dann legten sie ihn auf sein Bett, riefen die Fremde und sagten zu ihr: »Geh hinauf in das Zimmer des Königs!«

Als sie mit dem Zuckermann allein war, begann sie, ihm ihren Kummer zu erzählen, richtete ihn auf und redete zu ihm: »Erinnerst du dich nicht, daß ich dich zum Menschen gemacht und dir Leben gegeben habe? Und jetzt werde ich deinetwegen sterben, ich, die ich als Dienerin hierhergekommen bin, bloß um dich zu sehen.«

Der Zuckermann antwortete nichts, weil sie ihm das Schlafmittel gegeben hatten: er schlief wie ein Toter. Gott ließ es Tag werden, und sie ging und gab der Königin das Kleid.

Am andern Tag trug sie das goldene Kleid, das Feld mit den Blumen, wieder sah es die junge Dienerin und sagte zu ihr: »Ei, was ist das für ein Kleid? Das ist noch schöner als das erste. Gib das auch der Königin! Was sollst du damit machen?«

»Ja, ich gebe es ihr, wenn sie mich wieder bei dem König schlafen läßt.«

Da ging jene zur Königin und sagte zu ihr: »Du hast keine Vorstellung, meine Königin, was für ein herrliches Kleid jene Fremde trägt. Ich sagte ihr, sie solle es dir geben, und sie antwortete mir: ›Wenn sie mich wieder bei dem König schlafen läßt, will ich es ihr geben.‹« Die Königin lachte. »Mag sie wieder des Abends kommen.«

Bei der Tafel taten sie ihm wieder in das letzte Glas ein Pulver, er schlief wieder ein, die Dienerin nahm ihn und trug ihn aufs Bett.

Diesmal weinte die Arme noch mehr und sagte zu ihm: »Stehst du nicht auf, da ich dich doch aus Zucker zum Menschen gemacht habe, stehst du nicht jetzt auf, damit ich dir meine Leiden erzähle?« Und sie redete und redete immerfort und schlug ihre Brust bis zum Morgen, aber er wachte nicht auf. Da stieg sie verzweifelt in ihr Zimmer hinunter und verschenkte auch ihr zweites Kleid.

Nun blieb ihr keine andere Hoffnung als das dritte Kleid, das Meer mit den goldenen Fischlein, deren Augen aus Diamanten waren.
Der Sohn des Wesirs liebte aber den König sehr, er schlief in dem Zimmer nebenan und hörte alle Worte und Klagen der Frau. Des Morgens, als er aufgestanden war, sagte er zum König: »Gnädigster König, ich habe dir etwas zu sagen, aber laß uns hinaus ins Freie gehen, weil man es hier hört.«
Und sie gingen hinaus in eine abgelegene Gegend, und er sagte zu ihm: »Seit zwei Tagen kommt ein Mädchen zu dir, ihre Stimme ist sehr süß, und sagt zu dir: ›Wachst du nicht auf, mein Zuckermann, hörst du mich nicht, hast du kein Mitleid mit mir, die ich so viel, so viel deinetwegen litt, bis ich dich zum Menschen machte, und jetzt irre ich zu Wasser und zu Lande umher, bloß um dich zu sehen, und jetzt, wo

ich dich gefunden habe, redest du nicht mit mir, hast du kein Mitleid mit mir.‹ Und noch vieles andere sagt sie zu dir und weint.« Da sagte der König neugierig: »Warum habe ich das nicht gehört? War ich tot?«
»Nein, mein König, sondern sie tun dir in deinen Wein ein Schlafmittel und du schläfst fest und hörst nichts; aber weißt du, was du tun mußt? Bei Tisch trinke keinen Wein, befestige auf deiner Brust einen Schwamm und laß den Wein darein fließen, und nach der Tafel rühr dich nicht, sondern tue ganz so, als ob du nichts merkst und schon schläfst.«
Der König dankte ihm und sagte: »Ich werde dich künftig wie meinen Bruder halten und nicht wie einen Wesir.«
Dann gingen sie zurück, jeder in sein Zimmer.
Die Fremde zog das dritte Kleid an, das Meer mit den goldenen Fischlein.
Da kam wieder die Dienerin und sah sie. »Ei«, sagte sie, »was ist das wieder für ein Kleid?«
»Ich habe kein anderes weiter; wenn mir die Königin wieder gewähren will, bei dem König zu schlafen, so gebe ich ihr auch dies.« Da ging die Dienerin zur Königin und sagte zu ihr: »Oh, oh, oh, du hast keine Vorstellung, welch schönes Kleid diese Nonne trägt; dies Kleid ist das Meer mit den goldenen Fischchen, und die Augen der Fische sind ganz aus Diamanten.«
»Bah! Wo fand sie das?«
»Es gehört ihrer Mutter und sie sagte, sie habe kein anderes mehr zu vergeben. Laß sie heute abend bei dem König schlafen, dann wird sie dir auch dieses geben und endlich weggehen.«
Da sagte die Königin: »Gut, sage ihr, sie solle abends kommen; sie wird so dumm sein, und was versteht er, wenn er schläft?«
Dann ging sie zu der Fremden und sagte zu ihr, sie solle sich bereithalten, bei dem König zu schlafen, und ihr das Kleid geben, danach aber von dannen gehen.
Darauf ging der König nach seiner Gewohnheit zum Essen,

und sie taten ihm ein Schlafmittel in den Wein. Er tat so, als ob er ihn tränke, und goß ihn unter das Wams, wo er den Schwamm hatte, und nachher tat er, als ob er betäubt wäre, und sank nieder.
Da sagte die Königin: »Nimm ihn jetzt und bringe ihn in sein Zimmer und sage der Fremden, sie solle gehen und ihn liebkosen.«
Der König hörte dies alles und sagte nichts; später, nach einer kleinen Weile, ging die Arme nach oben und sagte zu ihm, es sei der letzte Abend, daß sie ihn sähe, und sie würde sich aufmachen und wegreisen, ihre unglücklichen Eltern erwarteten sie; sie werde sich aber ins Meer stürzen, weil sie nicht ohne ihn leben könne. Und sie sprach noch viel dergleichen zu ihm, der nun selbst zu weinen begann und erregt wurde und zu ihr sagte: »Wer bist du anders als mein geliebtes Weib!« Sie begann nun ihre Leiden zu erzählen, und sie verabredeten, den nächsten Tag zu fliehen. Die Prinzessin sagte zu ihm: »Ich habe auf dem Meere ein Schiff mit gelben Segeln, dort werde ich hingehen, und du mußt irgendein Mittel finden, zu entfliehen.«
Dann sagte sie zu ihm, er solle sich schlafend stellen, und sie werde in ihre Kammer hinuntergehen.
Des Morgens stand sie auf, ging hinunter in ihr Zimmer, nahm ihre Lumpen, gab das Kleid mit den goldenen Fischen ab und machte sich auf, bestieg das Schiff und hißte das gelbe Segel. Der König stand des Morgens auf, überlegte und sah seinen Freund, den Sohn des Wesirs, und sagte zu ihm: »Jene Nonne, die so weinte, war meine Frau, sie hat mich aus Zucker geformt und Gott gebeten, mich zum Menschen zu machen; sie hat mir Leben und Sprache gegeben; und ich will jetzt eine List ersinnen und fliehen. Wenn du willst, komm mit mir.«
Der Freund antwortete: »Ich kann jetzt nicht mitkommen, weil sie meinen Vater töten würden, aber mit der Zeit kann ich kommen und dich wiedersehen.«
Da nahm der König von ihm Abschied, und des Morgens,

bevor die Königin erwachte, ging er davon, fand seine Frau auf dem Schiff, das segelfertig war, und sie flohen.
Lassen wir jetzt die Prinzessin klagen und ihn überall suchen und gehen wir zu dem Zuckermann und seiner Frau!
Das Schiff kam in ihrer Stadt an, sie sahen das Schloß schwarz verhüllt. Weil die Prinzessin einundeinhalb Jahre fort war, betrauerte man sie wie eine Tote.
Ihr begreift, welche Freude ihre Ankunft im ganzen Reiche erregte: es wurde wieder ein großes Fest gefeiert.
Der alte König stand auf und sagte zu dem Zuckermann: »Mein Sohn, regiere du das Land, denn ich bin alt geworden und will mich zur Ruhe setzen, ich kann nicht mehr.« Und so regierte der Zuckermann und saß auf dem Thron und herrschte über das Land mit großer Weisheit und Gerechtigkeit. Jenen erging es herrlich und uns noch herrlicher.

20. November

Pfirsich

Als ich noch klein war, ging ich eines Tages zur Hauptstadt. Es war gerade das große Marktfest, und an dem Tag ist es Sitte, daß alle Kaufleute und Händler des Ortes nach der Hauptstadt ziehen und vor dem Rathaus ihr buntes Treiben entfalten.
Ich war mit einem Freund hingegangen, um mir das Spiel anzusehen. Es waren eine Menge Menschen auf dem Platz. Die Beamten in Ratstracht saßen auf den Galerien und sahen zu. Ich war noch so klein, daß ich nicht wußte, was das für Menschen waren. Ich achtete nur auf das Lärmen der Menge und das Dröhnen der Musik und der Trommeln.
Da plötzlich erschien ein Mann, der zog einen Knaben mit aufgelöstem Haar hinter sich her. Über die Schulter hatte er eine schwere Last gelegt, und damit stieg er die Stufen zur

Halle hinauf, auf der die Beamten saßen; es schien, als spräche er vor sich hin; aber der Lärm war so groß, daß man ihn nicht verstand. Doch ich sah, daß die Leute in der Halle lachten. Und dann befahl einer, der ein schwarzes Kleid trug, die Vorstellung solle beginnen. Die Beamten in der Halle sahen einander an, und der Mann fragte sie, was für eine Vorstellung er denn geben müsse. Ein Diener kam und fragte den Mann, was er Besonderes zu leisten verstünde. Der antwortete: »Ich kann die Regeln der Natur auf den Kopf stellen.«

Der Diener lachte und sagte es den Beamten.

»Nun«, sagte da einer von ihnen, »so schaffe uns denn jetzt auf der Stelle einen frischen Pfirsich herbei, obgleich überall Eis liegt und keine Bäume blühen.«

Mit lauter Stimme willigte der Tausendkünstler, denn ein solcher war er, ein, ihrem Wunsche nachzukommen. Er zog seinen Rock aus und legte ihn auf den Kasten. Dann aber setzte er eine ärgerliche Miene auf und murrte: »Nein, was die Beamten fordern, ist doch sehr schwierig. Das feste Eis ist noch gar nicht aufgebrochen, und ich soll frische Pfirsiche herbeischaffen, noch dazu auf diesem Platz, auf dem kein Baum steht. Aber ich fürchte, die Herren werden zornig werden, wenn ich es nicht tue.«

»Vater«, sagte da sein Sohn zu ihm, »du hast aber bereits eingewilligt, also mußt du dein Wort halten.«

Der Vater tat noch immer sehr enttäuscht, aber nach einer Weile rief er aus: »Ich hab's, ich hab's, mein Plan ist fertig! Wie sollte ich hier auf Erden mitten im Winter, da noch Schnee die Erde bedeckt, hier in der Menschenwelt nach Pfirsichen suchen? Aber im Garten des Paradieses, da welken sie nie. Dort gibt es welche. Ich muß in den Himmel.«

»Ach«, rief der Junge, »Vater, wie sollten wir aber in den Himmel kommen?«

»Auch dafür gibt es eine Kunst«, erwiderte der Vater. Er öffnete den Kasten, nahm einen Strick heraus, der einige hundert Meter lang war. Er warf das eine Ende hoch in die

Luft, der Strick stand aufrecht, als ob ihn oben jemand hielte. Er stieg von allein höher und höher, bis er oben in den Wolken sich im Grenzenlosen verlor und der Mann nur noch das letzte Ende in der Hand hielt. Dann rief er seinen Jungen: »Junge, komm her! Ich bin schon zu alt und schwach, und mein Körper ist zu schwer und plump. Ich kann nicht mehr hinaufsteigen. Klettere du hinauf!« Darauf gab er dem Jungen den Strick: »Marsch, faß an und klettere hinauf!«

Der Junge nahm den Strick, machte aber Schwierigkeiten und sagte unwillig: »Ach, Vater, ich bin in großer, großer Angst. Der Strick ist ja so dünn wie ein Faden. Du willst also, daß ich an dem Strick bis hinauf in den hohen Himmel klettere. Wenn nun aber unterwegs der Strick entzweireißt, wo soll dann mein Körper bleiben?«
Der Vater drängte ihn mit aller Gewalt und sagte: »Die Reue kommt jetzt zu spät. Ich habe mein Wort gegeben, und du mußt gehen. Ach, Junge, sei doch nicht so verzagt. Wenn wir den Pfirsich bekommen, bekommst du sicher schönes Silber als Geschenk. Für das Geld kaufe ich dir etwas Gutes.«
Da endlich ergriff der Junge das Seil und kletterte hinauf, die Hände voraus und die Füße nachziehend, bis er allmählich in die Wolkenregionen kam und man ihn nicht mehr erblikken konnte.

Eine geraume Zeit verging, da fiel mit einemmal ein Pfirsich herunter, so groß wie eine Schüssel. Der Gaukler freute sich, hob ihn auf und brachte ihn mit einer tiefen Verbeugung den Herren in der Halle. Sie gaben ihn einander weiter und betrachteten ihn eine lange Weile, denn sie wußten nicht recht, ob er echt oder falsch war.

Aber da fiel plötzlich der Strick auf die Erde herab. Erschreckt rief der Gaukler: »O weh! Oben hat jemand das Seil zerrissen. Was soll nun aus meinem Jungen werden?«

Nach einigen Augenblicken fiel wieder etwas herab. Als der Gaukler genauer hinsah, erkannte er den Kopf seines Sohnes. Er nahm ihn in die Hände und weinte: »Sicherlich hat dich der Gärtner, als du den Pfirsich stahlst, bemerkt. Nun ist es zu Ende mit dir, mein guter Junge!«

Wieder nach einiger Zeit fiel ein Fuß herab, und bald danach kamen die einzelnen Glieder des Knaben und sein Rumpf heruntergefallen, leblos. Da jammerte der Gaukler laut auf, nahm alle die Glieder, legte sie in seinen Kasten, dann machte er ihn zu und sagte zu den Beamten in der Halle: »Ihr werten Herren, wisset, das war mein einziger Sohn. Tag für Tag ist er mir gefolgt, ob ich nach Süden oder Norden reiste. Nun habe ich ein schweres Schicksal empfangen. Ich kann gar nicht begreifen, warum ich so Grausames erdulden mußte. Jetzt bleibt mir nur übrig, fortzugehen und ihn zu beerdigen.«

Als er das gesagt hatte, stieg er noch einmal in die Halle hinauf, fiel auf die Knie und sagte: »Wegen eures Pfirsichs habe ich meinen Sohn geopfert. Habt Mitleid mit mir Armem und gebt mir Geld, damit ich ihn beerdigen kann.«

Die Beamten hatten vom ersten Augenblick an mit Entsetzen und Verwunderung zugesehen. Jeder gab ihm nun Geld und Geschenke, was seine Hände und seine Taschen und der Gürtel nur fassen konnten. Dann klopfte der Gaukler auf den Deckel des Kastens und rief: »Hallo, Junge! Warum kommst du denn nicht heraus und bedankst dich für die Geschenke? Wie lange soll ich noch auf dich warten?«

Da gab es mit einemmal einen dumpfen Knall in dem Kasten, der Junge stieß mit dem Kopf gegen den Deckel und kam heraus. Der Gaukler verneigte sich ehrfurchtsvoll, und dann tat sein Sohn das gleiche.
Kinder, solche Zauberkunststücke waren das Seltsamste, was ich in meinem Leben gesehen habe.

21. November

Der Krebs, die Ratte und der Mistkäfer

Ein König hatte eine Prinzessin. Niemand konnte sie zum Lachen bringen. Da ließ er bekanntmachen: »Wer meine Tochter zum Lachen bringt, der soll sie zur Frau haben.«
Diese Botschaft klang manchem sehr verführerisch, und schon am nächsten Tage wimmelte es im Schloß von Männern aller Art. Aber alles war umsonst. Macht, was ihr wollt, die Prinzessin zog nicht einmal die Lippen kraus. Jene Bekanntmachung drang indessen immer weiter, zuletzt gelangte sie auch in eine ärmliche Hütte, wo ein armer Greis mit seinem einzigen Sohne wohnte.
Der Greis sagte: »Lieber Sohn, dir war von jeher das Glück hold, geh und versuche, die Prinzessin zum Lachen zu bringen.«
»Väterchen, wenn du es sagst, so geh ich auf der Stelle.« Der Jüngling nahm seinen Lederranzen und machte sich auf den Weg.
Unterwegs stieß er an einen Krebs. Der Krebs bat ihn: »Lieber Junge, zertritt mich nicht; wirf mich lieber in deinen Ranzen, vielleicht kann ich dir noch einmal aus der Not helfen.«
Der Jüngling folgte dem Rat und zog weiter.
Nach einer Weile sah er eine Ratte. Die Ratte bat: »Lieber

Junge, schlag mich nicht, wirf mich lieber in deinen Ranzen, vielleicht kann ich dir noch einmal aus der Not helfen.«
Der Jüngling folgte dem Rat.
Nach einer Weile entdeckte er einen Mistkäfer. Der Mistkäfer bat: »Lieber Junge, zertritt mich nicht! Wirf mich lieber in deinen Ranzen, vielleicht kann ich dir noch einmal aus der Not helfen.« Der Jüngling befolgte den Rat.
Am nächsten Tag, gegen Abend, erreichte er mit seinen drei Gefährten das Königsschloß und meldete, er sei gekommen, die Prinzessin zum Lachen zu bringen.

Der König sagte: »Sehr gut, aber erst leg deinen Ranzen ab und nimm einen Abendimbiß.«
»Einen Imbiß nehmen, das kann ich, aber von meinem Ranzen mag ich mich nicht trennen«, erwiderte der Jüngling und setzte sich an den Tisch neben die Prinzessin.
Zum Abendessen gab es gekochte Erbsen. Alle aßen ganz leise. Plötzlich witterte die Ratte im Ranzen Erbsen und fing an, sich zu lecken: Tjip, tjip! Als der Krebs das hörte, wurde er auch unruhig, er schlug mit seinem Schwanz an den eingetrockneten Ranzen: ljip, ljip! Und der Mistkäfer will auch nicht länger warten: bei ihm geht es nur so: bim bam, bim bam. Die Prinzessin fragte: »Wer treibt denn da unter dem Tisch solche Possen?«
»Ach«, sagte der Jüngling, »die Erbsen können sich in meinem Bauch nicht vertragen und fangen an, sich zu prügeln.«
Da brach die Prinzessin in ein helles Gelächter aus, und der

König erhob sich sogleich und sagte: »Dir gehört sie, du bist mein Schwiegersohn.«
Aber am anderen Ende des Tisches saß ein fremder Königssohn, der war auch gekommen, um die Prinzessin zum Lachen zu bringen. Den wurmte es nun gar sehr, daß der Sohn des Armen die Prinzessin bekommen hatte.
Nach dem Abendessen gab der König seinem Schwiegersohn feine Kleider, die sollte er am nächsten Tage anlegen. Der fremde Königssohn aber versprach einem Diener viel Geld, wenn er dem Armen in der Nacht die feinen Kleider stibitze. Er wollte dann insgeheim die Kleider anziehen und sich für den Schwiegersohn des Königs ausgeben.
Um die Zeit des ersten Schlummers machte sich der Diener ans Werk, die Kleider zu stehlen. Aber kaum hatte er die Tür ein klein wenig geöffnet, da flog ihm der Mistkäfer bim! ins Auge. In seinem Schmerz griff er nach seinem Auge, ließ die Tür unverschlossen und machte schleunigst, daß er davonkam. Bei der zweiten Tür wollte sich der Diener noch eines besseren besinnen, da flog ihm der Mistkäfer bam! ins andere Auge. Der Diener ließ vor Schmerz auch diese Tür offen und verschwand. Jetzt war für die Ratte und den Krebs der Augenblick gekommen: der schurkische Königssohn war eingeschlafen, beide Türen standen offen, jetzt konnten sie es ihm heimzahlen. Die Ratte machte sich daran, die Kleider des Spitzbuben in Fetzen zu zernagen und der Krebs, die Fetzen hinauszuziehen. So arbeiteten sie bis Tagesanbruch und bis dem Königssohne nur noch ein heiles Hemd geblieben war.
Am Morgen gab es dann kurzen Prozeß: Der Königssohn zog wie ein begossener Pudel ab, und der Sohn des Armen wurde des Königs Schwiegersohn. Er lud auch seinen alten Vater ins Schloß und lebte mit seiner Frau in Glück und Wonne.

22. November

Der Köhlernils und die Trollfrau

Auf einer Landzunge, die in der Nordwestecke des Rasvalsees in der Bergwerksgegend von Linde liegt, wohnte in alten Zeiten ein Kohlenbrenner, der hieß Nils und wurde deshalb der Köhlernils genannt. Sein bißchen Ackerland ließ er durch einen Knecht besorgen; er selber hauste immer im Wald, im Sommer hieb er das Holz und im Winter brannte er es zu Kohlen. Aber wie sehr er sich auch bemühte, so war doch kein Segen auf seiner Arbeit und überall sprach man nur von dem armen Köhlernils.

Eines Tages, als er sich auf der anderen Seite des Sees, in der Nähe des düsteren Harsberges befand, kam eine fremde Frau zu ihm und fragte, ob er keine Hilfe beim Kohlenbrennen brauchen könne.

»Ja, freilich, das wäre gar nicht übel«, meinte der Köhlernils. Da begann sie Blöcke und Baumstämme herbeizutragen, viel mehr als der Köhlernils mit seinem Pferd hätte schleppen können, und um die Mittagszeit war genug Holz für einen neuen Meiler da. Als es Abend wurde, fragte sie den Köhlernils, ob er mit ihrem Tagewerk zufrieden sei und ob sie morgen wiederkommen solle.

Das war dem Kohlenbrenner sehr recht, und sie kam am nächsten Tag wieder und auch alle anderen Tage. Als der Meiler ausgebrannt war, half sie ihm beim Ausräumen, und noch nie hatte Nils so viele und so prächtige Kohlen gehabt wie dieses Mal.

So blieb sie drei Jahre lang bei ihm im Walde und bekam drei Kinder. Aber das kümmerte den Köhlernils wenig, denn sie sorgte für die Kleinen und er hatte gar keine Beschwer davon. Als es nun in das vierte Jahr ging, wurde sie anspruchsvoller und wollte durchaus mit ihm heimziehen und seine Frau werden. Nils wollte nichts davon wissen; aber weil sie ihm beim Kohlenbrennen so nützlich war, ließ er sich nichts merken und sagte, er wolle sich die Sache überlegen.

Eines Sonntags traf es sich, daß er in die Kirche ging, wo er schon jahrelang nicht mehr gewesen war, und was er dort zu

hören bekam, brachte ihn auf Gedanken, die er nicht mehr gehabt hatte seit der Zeit, da er noch ein unschuldiges Kind war. Er begann zu überlegen, ob das wohl mit rechten Dingen zugegangen und ob es nicht am Ende die Waldfrau sei, die ihm mit so großer Bereitwilligkeit beim Kohlenbrennen geholfen hatte.

Ganz vertieft in diese und ähnliche Gedanken, vergaß er bei seiner Rückkehr zum Meiler, daß er mit der Fremden schon am Anfang, als sie in seinen Dienst trat, übereingekommen war, bevor er wieder zu dem Meiler kam, mit der Axt drei Schläge gegen eine alte Kiefer zu tun, die in der Nähe des Meilers stand.

Diesmal vergaß er, wie gesagt, das Zeichen, und nun bekam er etwas zu sehen, das ihm fast den Verstand stillstehen ließ.

Als er sich dem Meiler näherte, sah er ihn in hellen Flammen stehen, und darum herum stand die Mutter mit den drei Kindern, und sie waren am Ausräumen.

Sie rissen und löschten, daß Feuer, Rauch und Asche himmelhoch aufwirbelten, aber an Stelle der Fichtenzweige, die man sonst zum Löschen braucht, hatten sie buschige Schwänze, die sie in den Schnee tauchten.

Als der Köhlernils sich das eine Weile angesehen hatte, schlich er zurück zu der Kiefer, und mit den drei Hammerschlägen ließ er den Stamm erdröhnen, daß man es weit im Harsberg hörte. Darauf ging er zu dem Meiler, als ob er nichts gesehen hätte, und nun war wieder alles wie sonst. Der Meiler glimmte gleichmäßig und schön, und die große Frau ging herum und arbeitete wie gewöhnlich.

Doch nun kam sie wieder mit ihrem dringenden Anliegen, ob sie nicht mit ihm in seinem Häuschen wohnen und seine Frau werden dürfe.

»Ja, das wird schon kommen«, tröstete Nils und wollte nach Hause, um das Pferd zu holen. Aber statt dessen ging er auf die Landzunge von Kallernäs, am östlichen Strand des Rasvalsees; dort wohnte ein weiser Mann, und den fragte er, was er tun solle.

Der Alte riet ihm, heimzugehen und das Pferd an den Kohlenwagen zu spannen, er solle das Pferd aber so anschirren, daß keine Schlinge am Geschirr und an den Strängen zu finden sei. Dann solle er sich auf das Pferd setzen und übers Eis zu dem Meiler fahren, ohne anzuhalten, die Trollfrau und die Kinder in den Wagen steigen lassen und sogleich wieder aufs Eis hinausfahren.

Der Köhler tat, wie ihm der Mann gesagt hatte, sattelte sein Pferd und gab genau acht, daß am Zaum und Sattel keine

Schlinge war, fuhr übers Eis und durch den Wald zum Meiler und hieß die Trollfrau und die Kleinen aufsitzen. Dann kehrte er rasch durch den Wald wieder aufs Eis hinaus, und da ließ er sein Pferd laufen, was es nur konnte. Als er mitten auf dem See war, sah er von Abodaland am Nordende des Sees ein Rudel Wölfe daherstreichen in der Richtung aufs Eis. Da riß er das Sattelzeug von den Strängen, daß der Wagen mit dem Trollvolk auf dem blanken Eise stehenblieb, und ritt, was das Pferd laufen konnte, auf das andere Ufer zu. Als die Trolle die Wölfe erblickten, fingen sie an zu schreien.

»Kehr um, kehr um«, schrie die Mutter, »willst du nicht um meinetwillen, so tu es wenigstens deiner jüngsten Tochter zulieb.« Aber der Köhlernils ritt, ohne sich umzusehen, nach dem Ufer. Da hörte er, wie die Trollfrau andere zu Hilfe rief:

»Bruder im Harsberg,
Schwester in Stripa,
Vetter im Ringsfeld
Packt die Schlinge und zieht!«

»Es ist keine Schlinge da«, antwortete es tief im Harsberg.

»Dann fass' ihn bei Härkääarn ab.«

»Er reitet nicht nach dieser Richtung«, klang es vom Ringfelsen her.

Und der Köhlernils ritt auch nicht dorthin, sondern über Stock und Stein geradewegs nach Hause. Aber als er seinen Hof erreichte, stürzte das Pferd, und ein Trollschuß riß die Ecke des Stalles weg. Nils wurde kurz darauf krank und mußte viele Wochen im Bett liegen. Als er wieder gesund war, verkaufte er sein Waldland und bestellte den Acker bei seiner Hütte bis zu seinem Tode.

So zog das Trollgeschöpf diesmal den kürzeren.

23. November

Tepozton

Die Mexikaner erzählen, daß die Götter über den Wolken leben, auf dem Gipfel eines hohen Berges, der in seinem Inneren Feuer birgt. Sie haben viel Arbeit. Sie müssen zur bestimmten Zeit den Regen fallen lassen, so daß das Korn wächst und die Frucht reift. Sie nehmen große Scheren, wie sie der Mensch zur Schafschur benutzt und schneiden damit die Winde ab, damit kein Sturm daraus wird. Sie entdeckten immer neue Dinge und versuchten, den Menschen viel Nützliches beizubringen. Sie lehrten die Mexikaner weben und Kleider nähen, Tische zimmern, Häuser bauen und Bergwerke finden. Aber wenn die Götter nichts zu tun haben, reiten sie in den Wolken umher oder verwandeln sich in Tiere, um zu sehen, wie Tiere sind und fühlen. Doch am liebsten spielen sie Ball. Sie haben sehr große Bälle und werfen sie von Berg zu Berg, über die höchsten Berge hinweg. Wenn sie müde sind, setzen sie sich auf die Berge und rauchen aus großen Pfeifen. Der Rauch steigt als Wolken auf. Vor langer Zeit wurde ein Gott ruhelos. Er war des Ballspielens und des Wolken-Reitens müde. Er rauchte so viel, bis er Kopfweh bekam.

»Was ist mit dir?« fragten die andern. »Willst du immer nur Ringe und Nebel in die Luft blasen?«

»Ich überlege«, sagte der Gott. »Ich möchte einen Menschensohn haben.«

»Einen Menschensohn?« riefen die Freunde. »Hat man so etwas schon von einem Gott gehört? Er wird nur ein Unheil und Hindernis für uns sein.«

»Ich weiß«, sagte der Gott. »Aber ich will doch auf die Welt hinuntergehen und dort einen Sohn haben.«

»Du wirst es bereuen«, sagten die andern Götter. Aber der

junge, sehnsüchtige Gott stieg zur Erde nieder. Er verkleidete sich als Mensch und niemand bemerkte es. Jedermann sah nur einen jungen Mann in ihm.
Eines Tages stand er an einem Brunnen, um Wasser zu trinken. Es kam ein junges Mädchen und füllte ihm den Becher. Der Gott verliebte sich in sie und sie verliebte sich in ihn, und sie gingen miteinander weg.
Nach einiger Zeit hatten sie einen Sohn, und der Gott war sehr glücklich. Aber er konnte nicht auf Erden bleiben und mit seinem Sohn spielen. Er mußte zurück in die Berge und Wolken, um auf das Wetter zu achten und auf die Ernte, damit die Leute auf Erden, und vor allem sein Sohn, nicht verhungerten. So sagte er dem Mädchen Lebewohl und ging von dannen. Aber auf der Stelle, wo er verschwunden war, sah das Mädchen einen glänzenden glatten Stein liegen. Er war nicht größer als eine Pflanze. Sie nahm ihn auf, bohrte ein Loch hinein und hing ihn um den Hals des Knaben. Dann brachte sie ihren Sohn nach Hause.
Doch ihre Eltern wurden sehr böse. Sie wollten den kleinen Sohn töten.
»Wer ist sein Vater?« fragten sie. »Ein Sohn ohne Vater hat kein Recht zu leben und auch dich werden sie strafen.«
Das Mädchen sagte: »Schaut, wie schön er ist.«
Aber der Vater sagte: »Ob schön oder nicht schön. Er muß sterben. Bring ihn weg, damit sie dich nicht steinigen.«
Da lief das Mädchen mit dem vaterlosen Kind in die Felder. Und als es dunkel wurde, legte sie es sorgfältig in den Kelch einer großen Magueypflanze und lief weinend heim.
Der Vater und die Mutter waren froh. »Er wird vor Hunger und Kälte sterben«, sagten sie zufrieden.
Am nächsten Morgen schlüpfte das Mädchen heimlich weg. Sie wollte sehen, wie es ihrem Sohn erging. Die großen Blätter der Pflanze hatten sich über ihm geschlossen, sie hielten ihn warm, und er schlief. Aus einem Blatt aber träufelte eine süße warme Flüssigkeit in den Mund des Knaben. Das Mädchen herzte und küßte ihn und spielte mit

ihm bis zum Abend. Dann legte sie ihn in einen Ameisenhügel und ging weinend heim.
Aber am nächsten Morgen fand sie ihn da, über und über bedeckt mit rosa Blättchen, und die Ameisen schleppten immer neue Blätter herbei, um ihn zu schützen. Und sie brachten auch Honig und träufelten ihm den in den Mund.
Das Mädchen erschrak. Wie ärgerlich würden ihre Eltern sein, und man würde sie töten, wenn das vaterlose Kind nicht verschwand. So legte sie es in eine Holzkiste, schloß sie fest zu und warf sie in den Fluß. Hier wurde sie von der Strömung fortgetragen und verschwand. An der Flußmündung wohnten ein Fischer und seine Frau. Als der die Kiste sah, fischte er sie aus der Strömung und trug sie heim. Als er die Kiste öffnete, überkam beide große Freude. Sie hatten sich schon lange ein Kind gewünscht. Nun hatte der Himmel ihren Wunsch erfüllt und ihnen einen Knaben zugetragen. »Wie wollen wir ihn nennen?« fragten sie. »Er hat einen Bergkiesel an seinem Hals. Nennen wir ihn Tepozton, den Bergknaben.«
Der kleine Tepozton wuchs heran. Er war froh und glücklich mit seinen Pflegeeltern. Als er sieben Jahre alt war, schnitzte sein Vater ihm einen kleinen Pfeil und Bogen.
Da rief Tepozton: »Nun werde ich euch hinfort ernähren und du mußt nicht mehr fischen gehen, Vater.«
Der Fischer lachte. »Was willst du mit dem kleinen Bogen heimbringen, mein Sohn?«
»Ich kann alles schießen«, sagte Tepozton.
»Nun gut«, sagte der Fischer. »So schieße die Wachtel über uns.«
Der Knabe steckte seinen Pfeil auf und zielte. Die Wachtel stürzte herab.
»Gut«, sagte der Fischer. »Nun schieße den wilden Truthahn.«
Und abermals legte der Knabe den Pfeil auf und schoß, und der Truthahn fiel zur Erde. Von da an sorgte Tepozton für die beiden Alten. Den ganzen Tag blieb er fort und weilte

lange Stunden allein in den Bergen. »Was tust du den ganzen Tag allein in den Bergen?« fragte seine Mutter ihn, und sie ahnte, daß er kein gewöhnlicher Mensch war.

»Ich habe auf vieles zu warten«, sagte der Knabe, und da fragte sie ihn nicht mehr. Ihre Ahnung ward bald Gewißheit. Es gab so viele wilde Tiere in den Wäldern, aber sie konnten Tepozton nicht schaden. Wenn er vor einem Wolf stand, so sagte er nur: »Geh aus meinem Weg, kleiner Bruder.« Er selber blieb stehen und sah den Wolf so ruhig und fest an, daß dieser seinen flackernden Blick abwandte und tief in die Wälder hineintrottete.

So war Tepoztan auch nicht erschrocken, als er von dem riesigen Ungeheuer hörte, das jedes Jahr sein Opfer haben mußte. Immer im Frühling suchte es sich eine andere Stadt aus, und die Familien in der Stadt suchten jemanden oder bestimmten durch Los, wer sich töten und fressen lassen mußte, andernfalls das Ungeheuer die Stadt verwüstete und alle fraß. So war es abgemacht seit langen Zeiten.

Als Tepozton sieben Jahre alt war, traf das Los seinen Pflegevater, und als die Soldaten kamen, die ihn holen wollten, da trat Tepozton vor und sagte: »Nehmt lieber mich, ich bin jung und schmecke ihm besser.«

Zu dem alten Fischer aber sagte er: »Seid ohne Sorge. Mir kann nichts geschehen.«

Er fachte in der Ecke der Hütte ein Feuer an und sagte: »Wenn der Rauch weiß ist, so bin ich in Sicherheit, wird er grau, bin ich in Gefahr, wird er aber schwarz, dann bin ich tot.«

Er küßte seine Pflegeeltern zum Abschied und ging mit den Soldaten fort. Als sie über die Landstraßen wanderten, hob er kleine Glassplitter auf und steckte sie in seine Tasche. Das Glas war von dem Vulkan, auf dem sein Vater bei den Göttern wohnte. Es war sehr scharf und herrlich glänzend. Die Mexikaner machen sich Pfeilspitzen daraus, um ihre Feinde zu töten.

Als sie in den Palast des Ungeheuers kamen, schrie dieses sie an. »Wollt ihr mich mit einem so lächerlichen Kostbissen befriedigen?«

»Es war alles, was wir diesmal erreichen konnten«, sagte ein Soldat ängstlich.

Tepozton verbeugte sich. »Ich bin klein, aber schmackhaft.«

»Wenn du mir nicht schmeckst«, rief das Ungeheuer, »so fresse ich alles im Umkreis von drei Meilen.«

Also setzten die Soldaten Tepozton in einen großen Topf voll heißem Wasser und deckten den Deckel darauf. Tepozton gab keinen Laut von sich. Das Ungeheuer, ein großer Drache, legte sich indessen zu einem Schläfchen nieder, derweil das Essen gar wurde.

Als der Drache erwachte, hob er den Deckel vom Topf und sah nach, ob sein Essen gar sei, doch anstelle des kleinen Knaben glotzte ihn ein wutschnaubender Tiger an. Rasch warf er den Deckel wieder darüber, glaubte, er träume noch und wartete abermals eine Weile. Da er aber immer hungriger wurde, hob er den Deckel zum zweitenmal und diesmal zischte eine große Schlange aus dem Topf hervor.

»Ich muß noch immer träumen«, brummte er. »Es war doch ein kleiner Junge darin, und er müßte längst gekocht sein. Ich will noch ein wenig warten.«

Er schlief wieder ein und als er erwachte, war er so hungrig, daß er beschloß: »Was immer auch in dem Topf ist, ich werde es essen.« Vorsichtig hob er den Deckel ab. Da saß der kleine Junge rund und gesund und lachte ihn an. Der Drache

war so hungrig, daß er nach ihm grapste und ihn ungekocht in den Mund steckte.
Da wurde der Rauch in der Fischerhütte plötzlich grau, und die Fischersleute klagten und jammerten. »Hätten wir ihn doch nicht gehen lassen.«
Tepozton aber rutschte so rasch die Kehle hinunter, daß der Drache ihn nicht beißen oder kauen konnte. Und als er im Magen war, nahm er ein Stück weißes Glas aus seiner Tasche. Er schnitt und schnitt und nicht lange danach hatte er ein großes Loch in der Magenwand. Das Ungeheuer hielt sich seinen Bauch. »Oh, hätte ich ihn doch nicht roh gegessen«, jaulte es. »Ich habe so schreckliche Magenschmerzen.«
Tepozton schnitt weiter. Er lachte und sang. »Oh, oh«, heulte das Ungeheuer. »Was bereitet mir dieser Knabe für Schmerzen.«
Schon war das Loch so groß, daß Tepozton das Tageslicht einfallen sah, und bald war die Öffnung so, daß er herausschlüpfen konnte. Der Riese schrie laut auf und fiel tot nieder. Der Rauch in der Fischerhütte aber wurde schneeweiß, und die Fischersleute waren voll großer Freude, da sie den Knaben gerettet wußten.
Tepozton wurde zum König gekrönt und blieb im Palast des Ungeheuers leben. Er lehrte die Menschen viel nützliche Dinge. Wenn er Zeit hatte, ritt auch er auf den Wolken, spielte Ball mit den Göttern oder verwandelte sich in verschiedene Tiere, um sie zu verstehen. Aber am liebsten streifte er umher als armer Mann oder fremder Knabe und versuchte, den Menschen zu helfen und beizustehen, wenn sie in Not waren. Einige erzählen, er lebe längst für immer in den Bergen über den Wolken, andere sagen, er sei noch auf Erden. Niemand kann es bestimmt sagen.

24. November

Der Kindfisch

Einst lebte in der Landschaft Poike, auf der Nordostecke von Rapanui gelegen, ein Ehepaar, dem endlich ein Sohn geboren wurde. Kaum zwei Wochen alt war der Kleine, als sein Vater das Haus verließ, um gegen den benachbarten Tupahotu-Stamm in den Krieg zu ziehen. Nun mußte seine Frau den Haushalt allein versorgen.

In einer Vollmondnacht beschlossen alle Dorfbewohner, zum Fischfang auszuziehen; und die Kindmutter selber begab sich auf die Muschelsuche. Den Kleinen hatte sie in eine nua-Rindenstoffdecke gewickelt und am steinigen Strande niedergelegt. Der Fang gestaltete sich günstig, und ihr Korb war bald mit Seeigeln, Muscheln und eßbaren Algen angefüllt. Plötzlich hörte sie ein Wimmern, das vom steinigen Strande kam. Es war ihr Kleiner, der bekümmert klagte: »E nua ê! I oti au rite rima Ohite-kapura, Ourara-na-te-mahina!« (Schau, Mutter, das Tuch! Ich bin in den Händen von Ohite-kapura und Ourara-na-te-mahina!)

So nämlich hießen zwei schlimme Geister, die durch die Landschaft Poike zu gespenstern pflegten.

Bestürzt ließ die Mutter ihren Korb fallen und eilte zu der gewissen Stelle am steinigen Strande. Entsetzlich! Die Stelle war leer; nur die nua lag zwischen den Kieseln! Verzweifelt suchte die Mutter überall, lockte ihr Söhnchen mit den zärtlichsten Kosenamen und durchstöberte auch alle Uferhöhlen. Leise sang es vom Meere ›E nua ê!‹ (Schau, Mutter, das Tuch!)

Als die Mutter ihre Blicke dorthin richtete, bemerkte sie, wie ihr Kleiner sitzend auf den Wellen schwamm und mit seinen winzigen Händchen Zeichen machte, daß sie zu ihm kommen möge. Rasch löste die Mutter ihre Gewänder und sprang nackt ins Meer. Nach wenigen Schwimmzügen drückte sie ihr Söhnchen an die Brust und schwamm mit ihm zum Strande.

Allerdings sollte ihr Glück nur kurz dauern. Kaum hatte sie das Ufer erreicht, da war das Kindlein kalt und tot. Ungeheuer war ihr Schmerz; doch das Knäblein blieb kalt und tot. Das Leid nahm ihr den Verstand, und im Wahn warf sie das Kind auf die Erde. Ehe sie wieder zu Verstand kam, hatte eine riesige Woge den winzigen Leichnam fortgerafft und auf das Meer hinausgetragen. Laut weinte die trostlose Mutter und schlug verzweifelt ihr milchprallen Brüste.

Da sang es wieder leise vom Meere: »E nua ê!« (Schau, Mutter, das Tuch!)

Erstaunt blickte die Mutter auf den Ozean und sah ihr Kind vergnügt auf den Schaumkämmen schaukeln; leicht winkte es ihr mit den zierlichen Fingern. Erneut sprang die Mutter ins Meer, riß ihren Kleinen an sich und herzte ihn; doch, sobald beide das Ufer erreicht hatten, war das Kindlein kalt und tot.

Wieder warf sie es auf den Sand, und erneut entführte es eine Woge, um ihm das Leben zurückzugeben. Immer wiederholte sich der gleiche Vorgang, daß das Knäblein starb, sobald es Erde antraf, und lebte, sobald es das Meer berührte. Viele Stunden wiederholte sich dieses ungewöhnliche Schauspiel, bis die scharlachfarbene Frühdämmerung das Nachtblau des Späthimmels zu lecken begann.

Als die Sonne aus der Flut tauchte, wiegte sich der Kleine leicht auf dem Wasser und summt schläfrig: »E nua ê!« (Schau, Mutter, das Tuch!)

Dann versank er lautlos, um kurz darauf in Gestalt eines zarten, blaßroten Fischleins wieder aufzutauchen, wie es vorher niemals gesehen worden war. Das Fischlein tummelte sich frisch in dem reinen und ruhigen Wasser und winkte seiner Mutter, die bestürzt die Umwandlung beobachtet hatte, mit seinen feinen Flossen einen Abschiedsgruß; dann

wandte es sich heftig halbkehrt und schwamm südwestwärts.
Doch die Mutter, die ihr einziges Söhnlein nicht verlieren wollte, lief längs dem Ufer über Sand, Schlamm, Kiesel und Felsen unermüdlich nebenher. So durcheilte sie die Küste von Tongariki bis Hanga-maihiko und weiter noch.
Ohne ihren Lauf zu unterbrechen, erzählte sie allen Menschen, denen sie begegnete, von dem unglaubwürdigen Ge-

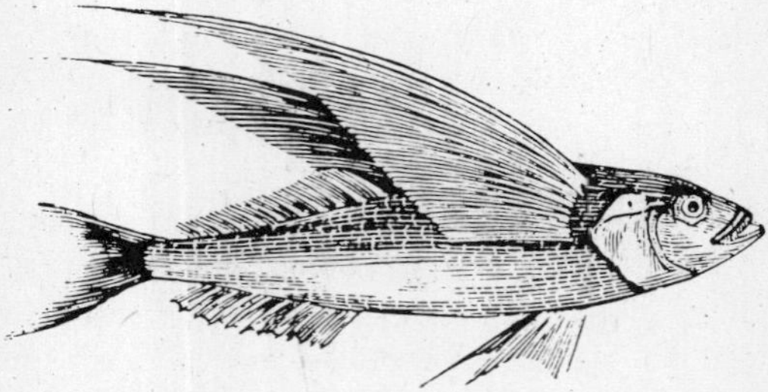

schehnis. Viele folgten voll Neugier und beobachteten gemeinsam mit der Mutter das zarte, blaßrote Fischlein, das die erstaunten Blicke seiner Begleiter mit zierlichen Bewegungen zu beantworten schien. Immer größer wuchs die Zahl der Neugierigen, die dem kleinen Wunder nachfolgten, das bald auf, bald über und bald unter den Schaumkämmen schwamm. Sie berührten Vaihu, Hanga-paukura und Vinapu und gelangten endlich nach Orongo, dem südlichsten Dorf der Insel. Hier schaute das Fischlein noch einmal lang auf die Mutter und verschwand dann in Richtung auf das Felseneiland Motu-Nui. Viele sprangen in den Ozean, um ihm zu folgen; aber das Fischlein ward nicht mehr gesehen. Viel später ist es schließlich zurückgekehrt, jedoch nicht mehr allein, sondern mit zahllosen gleichen Gefährten, die oft genug in die Netze der Fischer gerieten. Sofern diese den Ursprung der Fische erkannten, töteten sie sie nicht, sondern übergaben sie wieder dem lebenerhaltenden Meere.

25. November

Die neun Brüder und ihre Schwester

Es waren einmal neun Brüder, sie wohnten in einem alten Schloß mitten im Wald und waren sehr reich. Aber sie hatten keinen Vater und keine Mutter mehr, nur eine einzige Schwester. Sie war die älteste der zehn Kinder und sie führte das Haus, als Vater und Mutter gestorben waren. Ihre Brüder fragten sie immer um Rat und folgten ihr wie einer Mutter.

Jeden Tag zogen die Brüder hinaus in den Wald und gingen auf die Jagd, denn der Wald war reich an Wild.

Eines Tages spürten sie eine Hirschkuh auf und verfolgten sie. Da kamen sie zu einer Hütte, aus Astwerk und Erdschollen gebaut. Nie zuvor hatten sie diese Hütte gesehen. Da wurden sie neugierig und fragten einander: »Wer wohnt wohl da drinnen?«

Der Älteste von ihnen sagte: »Wir wollen um etwas Wasser bitten.«

Und sie traten ein, und fanden eine alte Frau. Ihre Zähne waren wie Arme so lang und die Zunge hing ihr zum Munde heraus und ging neunmal um ihren Leib zu winden. Es war ein regelrechtes Scheusal und kein Mensch wie sie, wie du und ich. Erschrocken über ihren Anblick wollten sie fliehen.

Da sprach die Alte zu ihnen: »Oh, ihr lieben Knäblein, was wollt ihr? Habt keine Angst vor mir, kommt nur herein. So hübsche artige Kinder wie ihr, habe ich besonders gern.«

»Großmutter«, antwortete der Älteste, er hieß Goulven, »wir möchten nichts als ein wenig Wasser, wenn es euch nicht zu viel Mühe macht.«

»Aber gewiß, gewiß. Ich habe heute morgen frisches klares Wasser von der Quelle geschöpft«, und sie gab ihnen Wasser in einem Holznapf und streichelte sie, während sie tranken.

Aber als sie wieder gehen wollten, sagte sie: »Nun müßt ihr mir aber auch den kleinen Dienst bezahlen, den ich euch erwiesen habe.«
»Großmutter, wir haben keine Münze und nichts, was wir euch geben könnten, doch wollen wir die Schwester darum bitten und es euch morgen bringen.«
»Oh, ich will keine Münze und keine Schätze, sondern einen von euch, am liebsten den Ältesten, die andern sind mir noch zu jung. Er aber soll mich zur Frau nehmen.«
Goulven wußte nicht, was er sagen sollte. Recht sonderbar erschien ihm dieser Wunsch. »Antworte doch! Willst du mich zur Frau?« fragte ihn das gräßliche Scheusal und umarmte ihn.
»Ich weiß es nicht, ich muß erst meine Schwester fragen«, sagte Goulven erschrocken.
»Nun gut, so will ich morgen kommen und auf dem Schloß mir Antwort holen.«
Da kehrten die armen Brüder traurig nach Hause zurück. In großer Hast erzählten sie ihrer Schwester, was ihnen widerfahren war, und Goulven fragte: »Schwester, liebe Schwester, muß ich wirklich diese gräßliche Alte heiraten?«
»Nein, du wirst sie nicht heiraten«, antwortete die Schwester. »Vielleicht werden wir alle darunter zu leiden haben, aber wir werden und wollen leiden und dich nicht hergeben.«
Am andern Tag in aller Frühe kam die Hexe auf das Schloß. Die Schwester war mit ihren neun Brüdern im Garten.
»Ihr wißt, weshalb ich komme?« sagte die Alte zu dem Mädchen.
»Ja, mein Bruder hat mir alles erzählt«, antwortete das Mädchen.
»Und ihr seid einverstanden damit?«
»Nein, es kann nicht sein, niemals gebe ich euch meinen Bruder.«
»Wißt ihr nicht, wozu ich Macht habe und wer ich bin?« fragte die gräßliche Hexe.

»Ihr könnt uns Böses antun, wir wissen es, aber nie werde ich einwilligen und euch meinen Bruder überlassen.«
»Laßt ab, laßt ab«, schrie die Hexe. »schnell, schnell, solange es noch Zeit ist, sonst wehe euch.« Ihre Augen funkelten wütend und ihre Zunge schlug wie eine Peitsche.
Die Schwester und ihre neun Brüder bebten vor Angst, aber die Schwester sagte: »Was ich gesagt habe, habe ich gesagt. Es ist bedacht und wir wollen es auf uns nehmen.«
Da zog die Hexe einen Stab hervor, murmelte einen Zauberspruch und das Schloß stürzte mit großem Getöse ein; kein Stein blieb auf dem andern.
Dann schwenkte sie ihren Stab über die neun Brüder, die sich hinter dem Rücken ihrer Schwester zu verbergen suchten, sprach einen zweiten Zauberspruch und da wurden die neun Brüder in Lämmer verwandelt.
»Nun kannst du sie hier weiden, denn du selber sollst bleiben, wie du bist; aber du darfst niemandem sagen, daß diese neun Lämmer deine Brüder sind, sonst wirst auch du ein Lamm wie sie.«
Dann ging die Alte kichernd weg. Sobald sie verschwunden war, verschwanden auch die schönen Gärten des Schlosses und der dichte Wald. Die Schwester mit ihren neun Brüdern umgab eine dürre öde Heide. Hier weidete sie tagaus tagein die Lämmer. Sie suchte Büschel von frischem Kraut. Das fraßen sie aus ihrer Hand und sie spielte mit ihnen, streichelte, kämmte sie und sprach mit ihnen, und es war, als ob sie alles verständen. Eines der Lämmer war größer als die andern, das war ihr Bruder Goulven, der älteste. Aus Steinen, Erdschollen, Moos und trockenen Kräutern baute die Schwester für sich und die Lämmer eine Art Hütte, des Nachts oder sobald es regnete, zogen sie sich dorthin zurück. Doch wenn die Sonne schien und es warm und schön war, dann sprang die Schwester mit den Lämmern, sang ihnen Lieder vor und sprach ihre Gebete. Die Lämmer standen im Kreis um sie herum und hörten ihr aufmerksam zu.

Eines Tages hörte ein junger Gutsherr, der vorüberzog, von ferne ihre schöne helle Stimme und wunderte sich darüber, war doch das Land da gar zu verlassen und karg. Er blieb stehen und lauschte. Dann ging er in der Richtung, aus der die Stimme kam, und sah alsbald das wunderschöne Mädchen, umgeben von neun weißen Lämmern. Er redete sie an und war von ihrer Lieblichkeit so angetan, daß er sie mit ihren Lämmern auf sein Schloß mitnehmen wollte. Sie aber weigerte sich.

Der Gutsherr aber dachte hinfort Tag und Nacht nur noch an sie, und alle Tage kam er auf die große Heide und sie plauderten zusammen. Zu guter Letzt nahm er sie doch mit auf sein Schloß und da heirateten sie einander.

Die neun Lämmer durften in den Gärten des Gutsherrn herumspringen, und die Schwester ging alle Tage zu ihnen; spielte mit ihnen, liebkoste und pflegte sie und sang und betete mit ihnen. Da fragte sich der Gutsherr insgeheim, ob das wohl wirklich nur Lämmer waren; er erstaunte, sie so klug zu sehen.

Da kam eines Tages ein Mädchen auf das Schloß und bat den Gutsherrn, sie in Dienst zu nehmen, und er sagte zu ihr: »Du sollst bei meiner Frau Kammerjungfer sein.«

Er wußte nicht, daß es die Tochter der alten Hexe war, welche die Brüder in Lämmer verwandelt hatte, und auch die treue Schwester ahnte nichts davon.

Sie ging des Abends gern im Garten spazieren und einmal beugte sie sich über einen Brunnenrand, um zu sehen, wie tief er wäre. Da packte die Kammerjungfer sie an den Füßen und stürzte sie in den Brunnen hinab. Dann lief sie rasch in ihrer Herrin Zimmer, legte sich selber in das Bett, zog die Vorhänge der Fenster und des Bettes zu und stellte sich krank. Als der Gutsherr zurückkam und seine Frau nicht im Garten bei den neun Lämmern fand, begab er sich in ihr Zimmer und verwunderte sich auch nicht, daß ihr nicht wohl war, denn bald sollte sie ein Kind zur Welt bringen. »Wie geht es dir?« fragte er.

»Oh, ich bin sehr krank«, antwortete die falsche Frau mit verstellter Stimme. »Ich bitte euch, öffnet die Vorhänge nicht, ich kann kein Licht vertragen.«
»Warum seid ihr so allein, liebste Frau, wo ist eure Kammerjungfer?«
»Ich weiß nicht, ich habe sie den ganzen Tag nicht gesehen.«
Da suchte der Herr sie überall im ganzen Schloß und auch im Garten, und weil er sie nicht fand, kam er zu seiner

falschen Frau zurück. »Ich weiß nicht, wo die Kammerjungfer ist, ich kann sie nirgends finden. Doch habt ihr vielleicht Hunger, so kann ich euch etwas bringen.«
»Ich habe großen Hunger, und ich muß sofort ein Stück von dem großen weißen Lamm haben. Es wird drunten im Garten sein«.
»Was sagt ihr da? Ihr habt die Lämmer doch so lieb, zumal das große! Es gibt genug andere Lämmer in meinen Herden, die ich euch verschaffen kann.«
»Nur Fleisch von diesem Lamm kann mir Linderung bringen, zu schrecklich ist das Übel, an dem ich leide. Aber irrt euch nicht, es muß das große weiße Lamm sein; kein anderes kann ich vertragen.«
Der Gutsherr ging in den Garten und befahl seinem Gärtner, das große weiße Lamm einzufangen, es schlachten zu lassen und an den Bratspieß zu stecken. Der Gärtner lief dem

weißen Lamm nach und wollte es einfangen. Das weiße Lamm jedoch lief so rasch um den Brunnen herum, immerzu um den Brunnen herum und blökte so kläglich dabei, daß er es nicht einfangen konnte.
Als der Herr dies sah, wollte er ihm zu Hilfe kommen und näherte sich dem Brunnen. Wie erstaunte er, als er es aus dem Brunnen klagen und jammern hörte. Er beugte sich über den Rand und fragte: »Wer ist da unten im Brunnen?«
Und eine Stimme, die er gar wohl kannte, antwortete ihm: »Ich bin es, eure Frau.«
Da ließ der Herr sofort den Eimer in den Brunnen hinab und zog seine Frau heraus. Kaum da die arme Frau gerettet worden war, brachte sie ein wunderschönes Söhnlein zur Welt.
»Wir müssen das Kind sofort taufen«, sagte sie. »Der Pate aber soll niemand anderes sein als mein großes weißes Lamm.«
»Wie«, rief der Gutsherr, »ein Lamm wollt Ihr unserm Sohn zum Gevatter geben?«
»Gehorcht mir und bekümmert Euch nicht darum.«
Da wollte der Gatte seiner lieben Frau in dieser Stunde nicht widersprechen und gab seine Einwilligung. Das große weiße Lamm durfte Gevatter sein, und als Gevatterin wählte er selber eine junge Prinzessin aus der Nachbarschaft. Sie begaben sich zur Kirche, und das große weiße Lamm ging sehr vergnügt neben dem Gutsherrn und der Gevatterin, der schönen, jungen Prinzessin. Die acht anderen Lämmer, seine Brüder, folgten dem Zug. Sie traten in die Dorfkirche ein, und der Priester machte große Augen, als er das Lamm vor dem Altar sah. »Wohl sehe ich eine Gevatterin, doch wo ist der Gevatter?« fragte er.
»Hier«, antwortete der Gutsherr. »Das große weiße Lamm.«
»Ein Lamm?«
»Ja, dem Augenschein nach ist es ein Lamm. Haltet Euch nicht auf, begeht die heilige Handlung.«
Da erhob der Priester keine weiteren Einwände, vollzog die

heilige Handlung und taufte das Kind, und das große weiße Lamm erhob sich auf seine Hinterbeine, nahm den Täufling mit seinen Vorderfüßen und die Gevatterin half ihm dabei, so verlief alles aufs allerbeste.
Doch als die heilige Handlung vollzogen war, wurde das Lamm plötzlich zu Goulven, dem ältesten Bruder, einem schönen Jüngling, und da erzählte er, wie seine Brüder und er in Lämmer verzaubert worden waren, von einem wahren Scheusal, einer alten Hexe, weil er sich geweigert hatte, sie zu heiraten.
»Meine Schwester war dabei, als es geschah, und sie durfte Euch nichts davon erzählen, sonst hätte sie dasselbe Los der Verzauberung getroffen. Nun aber ist der Zauberbann gebrochen, und die Hexe hat keine Gewalt mehr über uns.«
»Dann sind die acht andern Lämmer deine, Eure Brüder?« fragte der Priester.
»Ja, sie sind meine Brüder, aber auch für sie ist die Zeit nahe, wieder zu Menschen zu werden. Laßt sie in die Kirche treten und ihre frühere Gestalt wird zurückkehren.«
Und so geschah es auch.
Darauf erzählte Goulven noch: »Die Kammerjungfer aber ist niemand anderes als der Hexe Tochter. Fast wäre unsere treue Schwester ihr Opfer geworden.«
Da kehrten sie alle eilig aufs Schloß zurück. Die Hexe wurde aus dem Wald geholt und mitsamt ihrer Tochter auf dem Scheiterhaufen verbrannt.
Sie aber lebten in Lust und Freude und kannten kein tieferes Leid mehr.

26. November

Der lahme Hund

Es war einmal ein König, wie es manche gibt. Er hatte drei Töchter. Die waren jung und so schön, daß man nicht leicht schönere Frauen sehen konnte. Doch war ein großer Unterschied zwischen ihnen, denn die beiden ältesten waren hochmütig, dagegen war die jüngste lieb und freundlich, und alle Leute hatten sie gern. Zudem war sie schön wie der Tag und zart wie der Schnee und weit schöner als ihre Schwestern.
Eines Tages saßen die Königstöchter zusammen in ihrem Gemach, und die Rede kam auf ihre Zukünftigen.
Da sagte die älteste: »Wenn ich mich je verheirate, so müßte es ein Mann sein mit goldenem Haar und goldenem Bart.«
Und die zweite rief aus: »Und meiner muß silberne Haare und einen silbernen Bart haben!« Aber die jüngste Prinzessin sagte gar nichts und schwieg. Da fragten sie die Schwestern, ob sie sich noch keinen Mann gewünscht hätte.
»Nein«, gab sie zur Antwort, »aber wenn das Schicksal mir einen Mann gibt, so will ich mit ihm zufrieden sein, wie er ist, auch wenn es nur ein lahmer Hund wäre.«
Da lachten die beiden andern Prinzessinnen und machten Späße darüber und sagten, es werde gewiß noch der Tag kommen, wo sie anders dächte.
Aber mancher sagt die Wahrheit und weiß es nicht. So ging es auch den Königstöchtern, denn ehe ein Jahr um war, hatte jede einen Freier, wie sie ihn sich gewünscht hatten. Um die älteste Prinzessin warb ein Mann, der hatte goldene Haare und einen goldenen Bart, und gewann gleich ihr Jawort. Um die zweite warb ein Mann mit silbernem Haar und silbernem Bart und bekam die Prinzessin zur Frau, aber die jüngste Prinzessin hatte keinen Freier, nur einen lahmen Hund. Da fiel ihr ein, was sie im Frauengemach für ein Gespräch

geführt hatten, und sie dachte bei sich selbst: »Gott helfe mir bei der Heirat, die ich eingehen muß!« Doch sie wollte ihr Wort nicht brechen, sondern gab dem Hund ihr Jawort.

Die Hochzeit dauerte viele Tage mit großem Staat und Prunk. Aber als die Gäste tanzten und sich vergnügten, saß die jüngste Braut allein und weinte, und wenn die andern lachten, strömten ihre Tränen, daß es traurig anzusehen war.

Nach der Hochzeit sollten die Neuvermählten in ihr Schloß ziehen. Da fuhren die beiden ältesten Prinzessinnen in prunkvollen Wagen mit großem Gefolge und aller Art Ehren. Aber die Jüngste mußte zu Fuß gehen, weil ihr Mann, der Hund, weder Pferd noch Kutscher hatte. Als sie nun lang und weit gewandert waren, kamen sie in einen großen Wald, der gar kein Ende nehmen wollte. Aber der Hund hinkte immer weiter voraus, und die Königstochter ging hinterdrein und weinte. Doch zu guter Letzt sah sie plötzlich ein prächtiges Schloß vor sich liegen, und rundherum waren schöne Wiesen und grüne Wälder, und alles sah wunderbar aus. Da blieb die Prinzessin stehen und fragte: »Was ist das wohl für ein großes Haus?«

»Ja«, sagte der Hund, »das ist unser Haus. Hier werden wir wohnen, und hier sollst du über alles frei schalten.«

Da lachte die Jungfrau unter Tränen und konnte sich gar nicht genug verwundern über alles, was sie sah.

Der Hund setzte hinzu: »Ich habe nur eine einzige Bitte an dich, und die sollst du mir nicht abschlagen.«

»Was ist das für eine Bitte?« fragte die Prinzessin.

»Du mußt mir versprechen«, sagte der Hund, »daß du mich niemals anschaust, wenn ich schlafe; sonst darfst du in allem tun, was du willst.«

Diese Bitte wollte die Prinzessin gern erfüllen, und so gingen sie auf das große Schloß zu. Aber war es von außen prächtig, so war es von innen noch viel prächtiger. Drinnen gab es so viel Silber und Gold, daß es aus jeder Ecke glänzte; auch gab es Vorräte aller Art und so viel andere Dinge, daß man sich nichts in der Welt mehr wünschen konnte. Die Prinzessin lief den lieben langen Tag nur immer von einem Zimmer ins andere, und eines war prächtiger als das andere. Aber als der Abend kam, und sie sich schlafen legte, hüpfte der Hund zu ihr herauf, und sie merkte wohl, daß es nun kein Hund mehr war, sondern ein Mensch. Doch sie sagte nichts, weil sie an ihr Versprechen dachte und nichts gegen den Willen ihres Mannes tun wollte.

So verging einige Zeit. Die Prinzessin wohnte in dem schönen Schloß und bekam alles, was sie sich nur wünschen konnte. Tag für Tag lief der Hund davon und ließ sich nicht eher sehen, als bis es Abend war und die Sonne unterging. Dann kam er wieder heim und war immer so freundlich und gut, ach, wenn andere Männer nur halb so gut wären. Die Prinzessin fing nun an, ihn sehr zu lieben und vergaß ganz und gar, daß er nur ein lahmer Hund war, denn das Sprichwort sagt: »Liebe macht blind.« Aber die Zeit wurde ihr in der Einsamkeit doch lang, und sie dachte oft daran, ihre Schwestern zu besuchen und zu sehen, wie es ihnen ging. Sie sprach auch mit ihrem Mann darüber und bat ihn um Erlaubnis zu der Reise. Kaum hatte der Hund ihren Wunsch vernommen, so war er auch schon einverstanden und begleitete sie selbst ein gutes Stück, um ihr den Weg aus dem Wald zu zeigen.

Als sich nun die Königstöchter wiedersahen, gab es natürlich eine große Freude und ein großes Fragen nach Altem und Neuem. Und man redete auch von der Ehe.

Da sagte die Älteste: »Ich war dumm, mir einen Mann mit goldenen Haaren und mit einem goldenen Bart zu wünschen; denn er ist böser als der ärgste Troll, und ich habe keinen frohen Tag gehabt, seit wir verheiratet sind.«

Die zweite fuhr fort: »Ja, mir ist es auch nicht besser gegangen; denn wenn ich auch einen Mann mit silbernem Haar und silbernem Bart habe, so ist er doch so böse, daß er mir keine frohe Stunde gönnt.«

Nun wandten sich die Schwestern an die jüngste Prinzessin und fragten sie, wie es ihr ging.

»Oh«, gab sie zur Antwort, »ich kann gewiß nicht klagen; denn obgleich ich nur einen lahmen Hund bekommen habe, so ist er so herzensgut gegen mich, daß man keinen bessern Mann finden kann.«
Darüber verwunderten sich die anderen Prinzessinnen sehr und hörten nicht auf, zu forschen und zu fragen, und die Prinzessin berichtete ihnen alles getreulich.

Als sie nun vernahmen, wie gut und prächtig es ihr in dem großen Schloß ging, wurden sie neidisch, weil sie es so viel besser hatte als sie. Sie fragten sie genau aus, ob sie nicht doch über etwas zu klagen hätte.
»Nein«, sagte die Königstochter, »ich kann meinen Mann nur loben, wie gut und freundlich er ist, und es fehlt mir nur ein Ding zu meinem Glück.«
»Was denn? Was denn?« riefen beide Schwestern wie aus einem Mund.
»Jede Nacht, wenn er nach Hause kommt«, sagte die Prinzessin, »verwandelt er sich und wird ein wohlgestalteter Mensch, und es tut mir leid, daß ich ihn niemals sehen kann, wie er wirklich aussieht.«
Da stimmten die Schwestern wie aus einem Munde ein und beklagten sich laut über den Hund, der vor seiner Frau ein

Geheimnis habe. Als sie nun mit ihrer Schwester immer mehr davon sprachen, erwachte ihre Neugier wieder, und sie vergaß das Verbot ihres Mannes und fragte, wie sie es anfangen solle, um ihn zu Gesicht zu bekommen, ohne daß er es merkte. »Ach«, sagte da die älteste Prinzessin, »nichts leichter als das! Hier hast du eine kleine Lampe, die mußt du recht gut verstecken. Dann brauchst du nur in der Nacht aufzustehen, wenn dein Mann schläft, und die Lampe anzuzünden, dann siehst du ihn in seiner wirklichen Gestalt.«

Das schien der Königstochter ein guter Rat; sie nahm die Lampe, verbarg sie in ihrem Kleid und versprach, alles zu tun, was ihre Schwestern ihr geraten hatten.

Als es nun an der Zeit war, daß sich die Prinzessinnen trennen sollten, ging die jüngste Schwester wieder heim in ihr schönes Schloß.

Dieser Tag verging wie alle anderen Tage. Als nun endlich der Abend kam, und der Hund zur Ruhe gegangen war, war die Prinzessin so ungeduldig vor lauter Neugier, daß sie kaum warten konnte, bis er eingeschlafen war; dann stand sie sachte auf, zündete ihre Lampe an und kam leise näher, um ihn zu betrachten, wie er schlief.

Aber wer kann ihre Verwunderung beschreiben, als sie über das Bett leuchtete und sah, daß da der schönste Jüngling lag, den sie je gesehen hatte. Sie konnte nicht aufhören, ihn anzusehen, sondern saß die ganze Nacht über sein Kopfkissen gebeugt, und je mehr sie ihn anschaute, desto schöner erschien er ihr, und sie vergaß darüber alles andere in der Welt.

Endlich kam der Morgen. Als nun der erste Stern im Morgengrauen erblaßte, begann der Jüngling unruhig zu werden und aufzuwachen. Da erschrak die Prinzessin sehr, blies ihre Lampe aus und legte sich ins Bett. Aber der Jüngling meinte, sie schliefe, und wollte sie nicht wecken, sondern stand leise auf, nahm seine andere Gestalt an und ging fort und ließ sich den ganzen Tag nicht mehr sehen.

Als nun der Abend kam und es spät wurde, ging alles wieder genau so. Der Hund kam aus dem Wald heim und war sehr

müde. Aber kaum war er eingeschlafen, stand die Prinzessin behutsam auf, zündete ihre Lampe an und kam leise näher, um ihn zu betrachten. Als sie über das Bett leuchtete, kam es ihr vor, als ob der Jüngling noch viel schöner sei als am Tag zuvor, und je länger sie schaute, desto schöner wurde er, sie mußte aus lauter Liebe und Sehnsucht lachen und weinen. Sie konnte die Augen nicht von ihm wenden, sondern saß die ganze Nacht über sein Kopfkissen gebeugt und vergaß ihr Versprechen und alles andere, nur um ihn anzusehen.
Allmählich kam der Morgen. Beim ersten Morgenstrahl begann der Jüngling sich zu rühren und aufzuwachen. Da erschrak die Prinzessin wiederum sehr, blies hastig ihre Lampe aus und legte sich ins Bett. Aber der Jüngling dachte, sie schliefe und wollte sie nicht wecken, sondern stand leise auf, nahm seine andere Gestalt an und ging fort und ließ sich diesen Tag nicht mehr sehen.
Es wurde wieder spät, der Abend kam, und der Hund hinkte aus dem Wald heim wie gewöhnlich. Aber auch diesmal konnte die Prinzessin ihre Neugier nicht bezwingen; kaum war ihr Mann eingeschlafen, stand sie leise auf, zündete ihre Lampe an und kam behutsam näher, um ihn anzusehen.
Als nun das Licht auf den Jüngling fiel, erschien er ihr noch viel schöner als je zuvor, und je länger sie hinschaute, desto schöner wurde er, und das Herz brannte ihr, und sie vergaß alles andere in der Welt und schaute nur ihn an. Sie konnte die Augen nicht von ihm lassen, sondern saß die ganze Nacht über sein Kopfkissen gebeugt.
Als nun der Morgen kam und die Sonne aufging, begann der Jüngling sich zu rühren. Da erschrak die Prinzessin sehr, und wollte rasch ihre Lampe ausblasen. Aber da zitterte ihre Hand, und ein warmer Tropfen fiel auf den Jüngling, daß er erwachte. Als er merkte, was sie getan hatte, sprang er erschrocken auf, verwandelte sich im Augenblick in einen lahmen Hund und hinkte in den Wald hinaus. Aber der Prinzessin tat es so leid, daß sie fast von Sinnen kam und hinter ihm drein lief und die Hände rang und unter bitteren

Tränen bat, er möge wiederkommen. Aber er kam nicht. Die Königstochter wanderte über Berg und Tal gar viele fremde Wege, um ihren Mann zu suchen, und immer flossen ihre Tränen, daß es einen Stein hätte erbarmen mögen. Aber der Hund war fort und blieb fort, obgleich sie ihn in Nord und Süd suchte. Als sie nun merkte, daß er nicht zu finden war, wollte sie wieder zu ihrem schönen Schloß zurückkehren. Aber jetzt ging es ihr noch schlimmer. Das Schloß war nicht mehr zu sehen, und wo sie auch hinkam, sah sie nichts anderes als kohlschwarzen Wald. Nun kam sie sich von aller Welt verlassen vor. Sie setzte sich auf einen Stein, weinte bitterlich und dachte, viel lieber wolle sie tot sein, als so ohne ihren Mann leben.

Da kam eine kleine Kröte unter dem Stein hervorgehüpft. Die fragte: »Schöne Jungfrau, warum sitzest du hier und weinst so bitterlich?«

»Ich muß wohl weinen und kann nie mehr fröhlich sein«, gab die Prinzessin zur Antwort, »erst habe ich meinen Herzliebsten verloren, und nun kann ich den Weg zum Schloß nicht finden, muß hier verhungern oder von wilden Tieren gefressen werden.«

»Ach«, sagte die Kröte, »wenn es sonst nichts ist, so kann ich dir wohl helfen. Wenn du mich zu deinem Ehegemahl nimmst, will ich dir den Weg zeigen.«

Das wollte aber die Prinzessin nicht. »Bitte mich, um was du willst, nur nicht darum! Ich habe niemals jemanden lieber gehabt als meinen lahmen Hund und will niemanden lieber haben, solange ich lebe.«

Sie stand auf, weinte bitterlich und ging ihres Weges weiter. Aber die Kröte sah ihr freundlich nach und kroch wieder unter ihren Stein.

Als die Königstochter ein langes, langes Stück gewandert war und immer noch nichts als Wald und Wildnis sah, wurde sie sehr müde. Deshalb setzte sie sich auf einen Stein, stützte ihr Kinn in die Hand und wünschte sich den Tod, da sie doch nicht mehr mit ihrem Manne leben konnte. Da

raschelte es auf einmal im Gebüsch, und sie sah, wie ein großer grauer Wolf gerade auf sie zukam. Sie erschrak sehr, denn sie glaubte, der Wolf wolle sie stracks auffressen.
Aber der Wolf blieb stehen, wedelte mit dem Schwanz und fragte: »Schöne Jungfrau, warum sitzest du hier und weinst so bitterlich?«
Da gab die Prinzessin zur Antwort: »Ich muß wohl weinen und kann nie mehr froh werden. Erst habe ich meinen Herzliebsten verloren und nun kann ich den Weg zum Schloß nicht finden, und muß wohl hier verhungern oder von wilden Tieren aufgefressen werden.«
»Ach«, sagte der Wolf, »wenn es sonst nichts ist, so kann ich dir wohl helfen. Laß mich dein bester Freund sein, so will ich dir den Weg zeigen.«
Das wollte aber die Prinzessin nicht, sondern gab zur Antwort: »Bitte mich, um was du willst, nur nicht darum. Ich habe niemals jemanden lieber gehabt als meinen lahmen Hund, und ich will auch niemals jemanden lieber haben, solange ich lebe.«
Dann stand sie auf, weinte bitterlich und ging ihres Weges weiter. Der Wolf aber sah ihr freundlich nach und lief hastig davon.
Als die Prinzessin noch länger und weiter in der Wildnis gewandert war, wurde sie so müde und kraftlos, daß sie nicht weitergehen konnte. Da setzte sie sich auf einen Stein, rang die Hände und wünschte sich den Tod, da sie nicht mit ihrem Mann leben konnte. In dem Augenblick vernahm sie ein dumpfes Brüllen, die Erde bebte, und ein großer ungeheuerlicher Löwe kam gerade auf sie zu. Da erschrak sie sehr, denn sie erwartete, daß der Löwe sie stracks zerreißen würde. Aber das Tier war mit schweren Eisenketten gefesselt, daß es sich kaum schleppen konnte, und die Ketten klirrten an beiden Seiten, wenn es sich rührte. Als der Löwe nun endlich zu der Prinzessin kam, blieb er stehen, wedelte mit dem Schwanz und fragte: »Schöne Jungfrau, warum sitzest du da und weinst so bitterlich?«

Da gab die Prinzessin zur Antwort: »Ich muß wohl weinen und kann nie mehr froh werden. Zuerst habe ich meinen Herzliebsten verloren, und jetzt kann ich den Weg zum Schloß nicht finden und muß hier verhungern oder von wilden Tieren gefressen werden.«
»Ach«, sagte der Löwe, »wenn es sonst nichts ist, so kann ich dir wohl helfen. Wenn du meine Ketten lösen und mich zu deinem besten Freund machen willst, so will ich dir den Weg zeigen.«
Aber die Prinzessin hatte solche Angst, daß sie nicht Rede und Antwort stehen konnte, noch weniger traute sie sich an das Tier heran.
Da hörte sie eine helle Stimme aus dem Wald erklingen: Es war eine kleine Nachtigall, die saß im Gezweig und sang:

»Mägdlein, lös' die Kette, lös' die Kette!«

Und da ihr der Löwe leid tat, faßte sie sich ein Herz, trat herzu, nahm ihm die Ketten ab und sagte: »Deine Ketten kann ich wohl lösen, aber mein bester Freund kannst du niemals sein. Denn ich habe nie jemanden lieber gehabt als meinen lahmen Hund und werde nie jemanden lieber haben.«
Aber da geschah etwas Wunderbares: Als die letzte Fessel fiel, verwandelte sich der Löwe in einen schönen jungen Prinzen, und als ihn die Prinzessin recht anschaute, war es niemand anderes als ihr Herzliebster, der zuvor ein Hund gewesen war. Da sank sie zur Erde, umfaßte die Knie des Jünglings und bat ihn, er möge nicht mehr von ihr fortgehen. Aber der Prinz richtete sie mit großer Liebe auf, nahm sie in die Arme und sagte: »Nein, nun wollen wir uns nie mehr trennen, denn ich bin erlöst und habe deine Treue gegen mich bis zum letzten erfahren.«
Da gab es eine Freude, die niemand sagen kann. Und der Prinz nahm seine junge Frau und zog heim in das schöne Schloß, dort war er König und sie wurde seine Königin. Und wenn sie nicht gestorben sind, so leben sie heute noch.

27. November

Sangumang und Maharadja

Dies erzählen die Malaien, und ich erzähle es euch wörtlich wieder! Hört zu!
Eines Tages waren die Leute ausgezogen, um Holz zu fällen, das sie bei der Bestellung ihrer Reisfelder brauchten. Auch Maharadja und Sangumang beteiligten sich mit ihren Kindern und Dienstleuten daran. Maharadja hatte einen schlechten Tag. Ihm ging das Holzfällen nicht recht vonstatten, denn seine Beile wurden schnell schartig und stumpf. So oft er sie auch schärfen ließ, gleich waren sie wieder stumpf und schartig. Sangumang war schon lange mit Holzschlagen fertig und hatte seinen Bedarf gedeckt. Als Maharadja so gar nicht vorwärts kam, begab er sich zu Sangumang, um ihn um Rat zu fragen; denn Sangumangs Mutter war die Base des Maharadja. Maharadja trat ins Haus des Sangumang, der mit seiner Mutter über den Besuch hocherfreut war und Maharadja zum Essen einlud.
Nach dem Essen besprachen sie ihre Arbeiten. Maharadja klagte, weil er noch lange nicht fertig war; seine Beile würden alleweil schartig. Und als er hörte, daß Sangumang schon mit allem lange fertig war, fragte er ihn: »Wieviel Beile hast du denn?«
»Nur eins«, erwiderte Sangumang und zeigte auf sein Beil.
»Lieber Neffe«, meinte nun Maharadja, »wie wäre es, wenn du es mir auf drei Tage borgtest? In drei Tagen habe ich die Arbeit auch geschafft, und dann bringe ich es dir zurück.«
Sangumang lieh dem Oheim gern das Beil, und seelenvergnügt zog dieser mit dem schönen Beile ab.
Das Beil war wirklich schön, es war gut und scharf, die Bäume purzelten unter seinen Hieben nur so zu Boden, und in zwei Tagen war die ganze Arbeit getan. Ein solch vorzüg-

liches Beil wollte Maharadja über alles gern behalten. Er sann hin und her und beschloß endlich, es zu verstecken und nicht zurückzugeben.
Aber als Sangumang nach drei Tagen sein Beil nicht wiederbekam, wollte er es sich selber holen. Maharadja sah ihn kommen. Er führte ihn freundlich ins Haus und bewirtete ihn auf das beste. Als Sangumang gegessen hatte, fragte er nach dem Beile. Er hatte nur das eine, und es fehlte ihm.
Maharadja zuckte mit der Schulter und tat so, als ob ihm etwas leid täte; er meinte: »Mein lieber Neffe, wenn du mir nun böse wirst, darf ich dir das nicht übelnehmen. Schau, das Beil war sehr gut, es war vorzüglich, in zwei Tagen war all mein Holz gefällt, dann aber – ich begreife immer noch nicht, wie es möglich war – zerbrach das Beil, Holzwürmer hatten es zerfressen. Ich schämte mich, dir dies zu erzählen, und deshalb kam ich nicht zu dir. Nun sage, soll ich dir das Beil bezahlen oder ein anderes dafür geben? Ich bin mit allem zufrieden.«
Sangumang verstand sehr wohl, daß Maharadja ihm etwas vormachte, denn es war ja unmöglich, weil Holzwürmer kein Eisen fressen; doch er wollte seinem Oheim nicht widersprechen und sagte deshalb: »Ja, Oheim, wenn es so ist, dann ist dabei nichts zu machen, dann kann ich das Beil auch nicht wieder von dir verlangen, aber ich möchte auch keine Bezahlung dafür annehmen.«
Darauf verabschiedete er sich und ging nach Hause. Er vergaß jedoch nichts, sondern sann einem Plane nach, wie er dem Oheim den schlechten Streich heimzahlen könnte. Endlich kam ihm ein Gedanke. Er begab sich wieder zu Maharadja und tat so, als ob er ihm einen freundschaftlichen Besuch machen wollte. Maharadja nahm ihn auch freundlich auf und lud ihn zum Essen ein.
Nachdem sie gegessen hatten, hockten sie nieder und plauderten miteinander. Sangumang erzählte: »Um mein Haus herum steht so viel hohes Gras.« Maharadja besaß viele Büffel, die alles Gras abweideten, wohin sie kamen. Deshalb

fragte Sangumang seinen Oheim, ob er ihm nicht auf drei Tage drei Büffel leihen wolle, damit er das viele Gras und Unkraut loswürde. Maharadja sagte mit Freuden ja: »Gewiß, lieber Neffe, gern, lieber Neffe, da werden meine Büffel fett. Nur sei so gut und bringe sie mir nach drei Tagen wieder, denn ich kann sie nicht holen.«

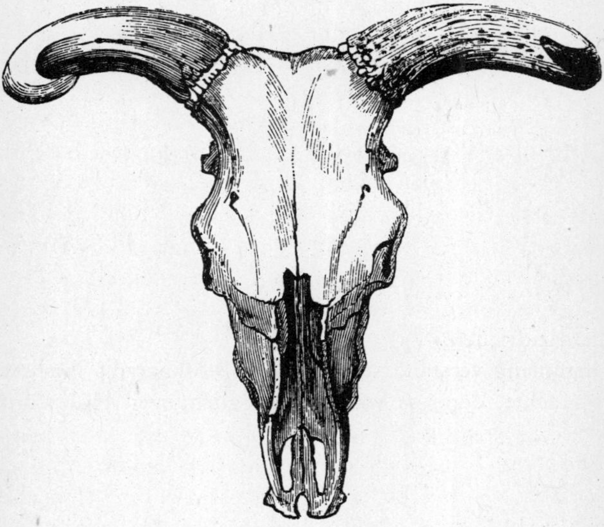

Sangumang nahm die drei Büffel mit und dachte: »So, jetzt habe ich dich, nun will ich dir deinen Streich heimzahlen.« Als er zu Hause war, ließ er einen Büffel schlachten. Einen Teil verzehrte er mit seiner Mutter; das andere Fleisch wurde geräuchert, getrocknet oder sonstwie verwahrt.
Am nächsten Tag schlachtete er wieder einen und am dritten Tage den letzten. Nun gab es im Hause des Sangumang genug Fleisch zu essen. Die drei Büffelköpfe mit den Hörnern ließ er an der Astgabel eines hohen Baumes mit Stricken festbinden.
Nach drei Tagen fiel dem Maharadja ein, das Sangumang die Büffel noch nicht wieder abgeliefert hatte. Auch am vierten

Tage erschien Sangumang nicht. Da traute Maharadja der Sache nicht so recht, zumal er daran denken mußte, daß er seinen Neffen mit dem Beile betrogen hatte. Er ging also zu Sangumang, um nach seinen Büffeln zu schauen. Er guckte nach rechts, nach links, aber nirgendwo bemerkte er eine Spur von seinen Tieren. Sangumang ging ihm freundlich entgegen. Er zog ihn ins Haus; aber Maharadja hatte sich noch nicht hingesetzt, als er schon nach seinen Büffeln fragte. Sangumang antwortete: »Mein lieber Oheim, es tut mir herzlich leid, dir nun doch die traurige Wahrheit sagen zu müssen. Als ich vor sieben Tagen mit den Büffeln hier ankam, schloß ich sie für eine Weile in einen offenen Stall ein und ging in mein Haus. Als ich wieder herauskam, hatte ein großer Raubvogel sie alle drei weggeholt und aufgefressen. Vielleicht glaubst du mir nicht, aber schau nur dort oben hin, da hängen die drei Köpfe noch im Baume.«
Maharadja sah in die Höhe, und richtig, da hingen die drei Köpfe, und die Hörner waren noch daran. Da wußte er, daß Sangumang ihn überlistet hatte, denn es war doch unmöglich, daß ein Raubvogel drei Büffel holte. Sein böses Gewissen erinnerte ihn an das Beil. Er fühlte sich geschlagen, kratzte sich hinterm Ohr und ging nach Hause.

28. November

Der Fischerssohn

Es war einmal ein Fischer, der hatte einen Sohn. Eines Tages ging er fischen und nahm seinen Sohn mit. Als sie an einen großen Fluß gekommen waren, warf er sein Netz aus und fing so viele Fische, daß er das Netz kaum ans Ufer ziehen konnte.
Als er sich die Fische aber näher anschaute, sah er einen, der war wie Blut so rot und wunderschön.

Da sagte er zu seinem Sohne: »Ich gehe heim und hole die Karre, gib du solange acht, daß nichts passiert. Besonders den roten Fisch laß mir nicht aus dem Auge!«
Als der Vater weg war, nahm der Fischerssohn den roten Fisch, streichelte und liebkoste ihn und sagte sogleich: »Ist es nicht eine Sünde, einen so schönen Fisch zu töten? Ich will ihn lieber wieder loslassen!« Sprach's und warf ihn ins Wasser.
Der Fisch aber schwamm ans Ufer zurück, bedankte sich schön, zog eine Gräte aus einer seiner Flossen und sprach: »Weil du so gut zu mir warst, geb' ich dir diese Gräte; wenn du einmal nicht ein noch aus weißt, dann komm her ans Ufer, nimm die Gräte aus der Tasche, rufe mich beim Namen, dann komme ich gleich und helfe dir.«
Der Junge nahm die Gräte und steckte sie in die Tasche, der Fisch aber ließ lustig seinen Schwanz springen und schoß in die Tiefe.
Aber als der Vater kam und sah, was sein Sohn getan hatte, wurde er furchtbar zornig und stieß ihn von sich: »Geh zum Kuckuck, mein Leben lang will ich dich nicht mehr sehen.«
Da ging der Fischerssohn von dannen.
Auf einmal sah er einen ganz erschöpften Hirsch auf sich zulaufen und hinter ihm kamen die Jäger mit ihren Hunden. Dem Jungen tat der Hirsch herzlich leid, er sprang auf ihn zu, faßte ihn am Geweih und rief den Jägern zu, sie sollten sich schämen, so ein Tier zu jagen, das sei ja sein zahmer Hirsch. Die Jäger glaubten ihm und ließen davon ab. Als sie hübsch weit weg waren, ließ der Junge das Tier los. Der Hirsch aber riß sich ein Haar aus, gab es dem Jungen und sprach:
»Weil du so gut zu mir warst, geb' ich dir dieses Haar; wenn du einmal nicht weiter weißt, nimm es aus der Tasche, rufe mich beim Namen, dann komm' ich und helfe dir.«
Der Junge nahm das Haar, steckte es in die Tasche und ging seines Weges weiter.
War er weit gegangen, war er's nicht, wer weiß? Auf einmal

sah er einen erschöpften Kranich, den ein Adler verfolgte. Dem Jungen tat der Kranich leid, er packte seinen Stock und warf ihn nach dem Adler. Der erschrak und ließ vom Kranich ab. Als dieser wieder zu sich kam, riß er sich eine Feder aus, gab sie dem Jungen und sagte: »Weil du so gut zu mir warst, geb' ich dir diese Feder; wenn du einmal nicht weiter weißt, komm aufs Feld, nimm die Feder aus der Tasche, rufe mich beim Namen, dann komm' ich und helfe dir.«

Der Junge steckte die Feder in die Tasche und ging seines Weges.

Da sah er, wie Windhunde einen Fuchs vor sich her jagten und immer näher an ihn herankamen. Dem Jungen tat der Fuchs leid, und er versteckte ihn unter seinen Rockschößen. Als die Windhunde weg waren, ließ er den Fuchs laufen. Dieser aber zog sich ein Haar aus, gab es ihm und sagte: »Weil du so gut zu mir warst, geb' ich dir dieses Haar; wenn du einmal nicht weiter weißt, nimm es aus der Tasche, rufe mich beim Namen, gleich komm' ich und helfe dir.«

Der Junge steckte das Haar in die Tasche und ging seines Weges.

War er weit gegangen, war er's nicht, wer weiß? Aber bald kam er an ein Schloß, darin wohnte ein wunderschönes Mädchen. Das wollte nur den heiraten, der sich so verstekken könnte, daß sie ihn nirgends finden würde.

Der Fischerssohn wollte um sie anhalten. Er ging ins Schloß und verlangte das Mädchen zu sehen.

»Warum bist du gekommen?« fragte sie ihn.

»Heiraten möcht' ich dich«, antwortete der Junge.

»Ja, wenn du dich so verstecken kannst, daß ich dich nicht finde, werde ich deine Frau, wenn aber nicht, so kommst du unfehlbar an den Galgen«, sagte das Mädchen.

Der Junge war zufrieden, bat aber, sich viermal verstecken zu dürfen. Das wurde ihm auch zugestanden.

Hinaus ging er aus dem Schloß, lief ans Wasser, holte seine Fischgräte heraus und rief den roten Fisch. Gleich war der

auch da, grüßte und fragte: »Was ist denn los, mein lieber Freund?«
»So und so steht meine Sache, und ich muß mich verstecken, daß mich nicht einmal der Teufel finden kann.«
Der Fisch nahm den Jungen auf seinen Rücken und tauchte mit ihm bis auf den Grund des Meeres, setzte ihn dort in eine Höhlung und schwebte gerade über ihm, um ihn zu verbergen. Das Mädchen aber schaute in ihren Spiegel, schaute lange und suchte den Jungen überall, bis sie ihn endlich auf dem Grunde des Meeres erblickte. Schön verwundert war sie, als sie ihn entdeckt hatte.
»Was muß das für ein Teufelskerl sein!« sagte sie zu sich selbst. Am nächsten Tage aber kam der Junge ganz stolz ins Schloß.
»Oh, du, das war ganz umsonst, ich hab' dich ganz gut gesehen, wie du unten am Meeresgrunde saßest und der rote Fisch dich zu verstecken suchte«, sagte sie zu ihm.
›Hilf, Himmel‹, dachte sich der Junge, ›was ist das für eine Hexenmeisterin!‹ Er verließ das Schloß und suchte einen Ort, wo er sich verstecken könne.
Er lief auf eine Wiese, holte das Hirschhaar hervor und rief den Hirsch herbei. Der kam auch im Nu, grüßte und fragte: »Was ist denn los, mein Herzensfreund?«
»So und so steht meine Sache, ich muß mich verstecken, daß mich nicht einmal der Teufel finden kann.«
Der Hirsch nahm ihn auf seinen Rücken und lief davon wie der Wind; hinter dem neunten Berg hielt er an, versteckte den Jungen in einer Höhle und stellte sich selbst noch davor.
Das Mädchen aber schaute wieder in den Spiegel, suchte und suchte und fand den Jungen endlich mit Mühe und Not. Am folgenden Tag kam der Junge keck zu ihr.
»Oh, das war wieder ganz umsonst, ich habe dich ganz gut gesehen, hinter dem neunten Berg warst du in einer Höhle, und der Hirsch stand noch davor«, sagte sie.
Der Junge aber wunderte sich noch mehr und bekam Angst.
Er verließ wieder das Schloß und suchte ein drittes Versteck.

Auf einer Wiese holte er seine Feder hervor und rief den Kranich. Gleich kam dieser angeflogen, grüßte und fragte: »Was ist denn los, mein guter Freund?«
»So und so steht meine Sache, ich muß mich verstecken, daß mich nicht einmal der Teufel finden kann.«
Der Kranich nahm den Jungen auf den Rücken und flog zum Himmel empor, da verbarg er ihn und schwebte gerade unter ihm. Das Mädchen nahm ihren Spiegel vor und suchte,

suchte in allen Himmelsrichtungen und konnte ihn nicht finden. Schließlich schaute sie in die Höhe und sah den Jungen, wie er am Himmel stak.
Sie wunderte sich baß: »Was ist das für ein Hexenmeister, mein Gott!«
Als aber der Junge am nächsten Tage zu ihr kam, sagte sie: »Oh, das war wieder ganz umsonst, ich habe dich ganz gut gesehen, am Himmel stakst du, und unter dir schwebte der Kranich.«
Noch mehr wunderte sich der Junge und noch mehr erschrak er. »Weh mir, wenn sie mich beim vierten Male auch findet, dann bin ich verloren.« Und verließ das Schloß, um sich nochmals zu verstecken.
Wieder ging er auf eine Wiese, holte das Fuchshaar hervor und rief den Fuchs. Gleich kam der auch angesprungen, grüßte und fragte: »Was ist denn los, mein gütiger Freund?«
»So und so steht meine Sache, ich muß mich verstecken, daß dieses scharfäugige Mädchen mich nicht findet, sonst muß ich unbedingt an den Galgen.«
»Habe keine Angst«, sagte der Fuchs, »gehe nur hin zu ihr

und verlange zwei Wochen Frist, dann verstecke ich dich an einem Orte, daß sie über dem Suchen sterben kann, aber finden wird sie dich nicht.«

Der Junge tat, was ihm der Fuchs geraten hatte. Dieser grub sich durch die Erde unter dem Berge auf dem des Mädchens Schloß stand und führte den Gang gerade unter den Diwan hin, auf dem sie saß. Dort verbarg er den Jungen. Das Mädchen nahm ihren Spiegel und fing zu suchen an: bald schaute sie nach Osten, bald suchte sie im Westen, bald im Süden, bald im Norden, dann suchte sie den Himmel ab und das Meer, aber umsonst: nirgends fand sie ihn.

»Wo bist du denn, du Hexenmeister?« rief sie endlich. »Komm doch, nirgends hab' ich dich gefunden!«

Unter dem Diwan hervor aber kam des Jungen Stimme und gleich darauf sprang er selber heraus.

So blieb er Sieger in dem Kampfe mit dem Mädchen. Am nächsten Tag aber machten sie Hochzeit, ach, eine so feine Hochzeit, sogar Vogelmilch gab es die Menge, sie floß nur über den Mund, aber kein Schluck kam in den Mund hinein.

29. November

Hans und die Bohnenranke

Vorzeiten lebte weitab von London eine arme Witfrau in einer ärmlichen Hütte. Sie hatte einen Sohn, Hans geheißen. Er war ungehorsam und vorlaut, aber sie verwöhnte ihn und ließ ihm jeden Willen, bis er sich immer mehr auf die Gutmütigkeit seiner Mutter verließ, obgleich er nicht aus Bosheit so töricht war. Doch, da er nicht fleißig und sie nicht wohlhabend war, mußten sie allmählich alles verkaufen, was sie besaß, und zuletzt hatte sie nur noch eine einzige Kuh. Da begann die Witwe zu weinen und zum erstenmal machte sie Hans Vorwürfe. »Oh, du nichtsnutziger Bengel«, klagte sie, »du hast uns mit deinem verschwenderischen Leben in diese große Not gebracht. Jetzt habe ich nicht einmal mehr so viel Geld, um uns einen Bissen Brot für den nächsten Tag zu kaufen. Wenn wir nicht verhungern wollen, müssen wir nun auch noch die Kuh abgeben.«

Hans war einige Augenblicke weich gestimmt, aber das ging bald vorüber, denn da sie kein Brot mehr hatten, wurde er hungrig und quälte seine arme Mutter, auch die Kuh noch zu verkaufen. Zuletzt gab sie zögernd nach.

Unterwegs zum Markt begegnete ihm ein Schlächter, und der fragte ihn: »Warum treibst du die Kuh fort?«

»Ich will sie verkaufen«, sagte Hans.

Der Schlächter hatte wunderbare bunte Bohnen in einem Beutel. Hans betrachtete sie verlangend und der Schlächter, der Hans und seinen leichten Sinn kannte, bot ihm alle diese Bohnen für die Kuh. Der Bursche hielt das für ein glänzendes Geschäft; der Kauf wurde abgeschlossen und die Kuh für ein paar lumpige Bohnen eingetauscht. Als Hans wieder daheim angelangt war und seiner Mutter die Bohnen zeigte, warf sie sie ärgerlich fort und sie flogen nach allen Richtungen auseinander, soweit ihr Gärtchen reichte.

Am nächsten Morgen erhob sich Hans aus seinem Bett, aber als er aus dem Fenster schaute, bemerkte er sofort, daß einige Bohnen aufgegangen waren und Wurzeln gefaßt hatten. Und nicht nur das. Die Ranken waren bereits so üppig ineinander verwachsen und verflochten, daß sie eine Leiter bildeten, deren Ende er nicht mehr sehen konnte. Sie schien sich in den Himmel zu verlieren. Er lief in den Garten hinaus und versuchte einen Tritt aufwärts zu klettern. Wirklich, die Leiter war fest und schwankte nicht. Da beschloß er sofort, die Bohnenranke emporzuklimmen, um festzustellen, wohin sie führte. Darüber vergaß er seinen Hunger, lief zur Mutter und erzählte ihr seinen Plan. Sie bat ihn ganz umsonst, bei ihr zu bleiben, er begann sofort zu klettern. Er mußte einige Stunden klettern, bevor er das Ende der Bohnenleiter erreicht hatte, und er war herzhaft müde geworden. Doch, als er sich erstaunt umschaute, sah er, daß er in einem völlig fremden Lande war. Es schien eine unfruchtbare dürre Wüste zu sein. Kein Baum, kein Strauch, kein Haus und kein lebendes Wesen waren zu sehen. Nachdenklich setzte sich Hans auf einen Steinblock und dachte sehnsüchtig an seine Mutter. Er verspürte wieder Hunger und dachte, daß er nun sterben müsse.

Trotzdem wanderte er weiter. Er hoffte doch noch ein Haus zu finden, in dem er etwas Essen erbetteln könnte. Endlich sah er in einiger Entfernung eine wunderschöne Frau. Sie war sehr schön gekleidet und trug einen weißen Stab in der Hand, auf dessen oberem Ende ein goldener Pfau saß.

Sie kam auf ihn zu und redete ihn an: »Wenn du mir versprichst, alles zu erfüllen, was ich dir auftrage, so werde ich dir etwas verraten, was dir deine Mutter bisher noch nicht erzählt hat. Ich bin eine Fee, aber wenn du mir nicht gehorchst, dann habe ich keine Kraft, dir zu helfen und du mußt zugrunde gehen.«

Hans war sehr erschrocken über die Worte, und er versprach ihr alles.

»Nun, so höre denn. Dein Vater war ein reicher Mann und ein Wohltäter. Niemandem versagte er seine Hilfe. Doch wenige Meilen von deines Vaters Haus lebte ein Unhold, ein schrecklicher Riese, der wegen seiner Grausamkeit der Schrecken des Landes war. Da er sehr neidisch war, so ärgerten ihn die guten Taten deines Vaters. Als deine Eltern einmal fern ihres Hauses bei Freunden weilten – du warst damals erst wenige Monate alt – ließ er ihm auflauern und ihn töten. Deine Mutter aber brachte er mit dir zusammen in ein altes Verlies und hielt sie und dich lange Zeit gefangen. Endlich gab er ihr die Freiheit wieder, aber nur unter der Bedingung, daß sie ihm gelobe, keinem ihre Leidensgeschichte zu erzählen. Euren gesamten Besitz eignete er sich selbst an. Als deine Mutter alles versprochen hatte, ließ er sie auf ein Schiff bringen und in ein fremdes Land fahren. Dort überließ er ihr nur gerade so viel Geld, wie sie aus dem Erlös ihrer Edelsteine, die sie heimlich in ihren Kleidern verborgen hatte, bekam.

Zwar war ich der Schutzgeist deines Vaters, aber ich war kurz vor seinem Tode ungehorsam gewesen und so war meine Zaubermacht für eine längere Zeit aufgehoben und ich konnte deinem Vater nicht so beistehen, wie ich wollte. Doch gerade an jenem Tag, als du den Schlächter trafst, und er dir die Kuh abkaufen wollte, ward mir meine Macht zurückgegeben und ich gab ihm ein, dir die Bohnen zum Tausch anzubieten. Durch meine Macht wuchs die Bohnenranke so hoch und wurde zur Leiter. Auf ihr bist du in das Land des Riesen gekommen und kannst ihn für alle seine

Bosheiten strafen. Zwar wirst du dabei Gefahren und Schwierigkeiten zu bestehen haben, aber du mußt durchhalten, um den Tod deines Vaters zu rächen. Der Besitz des Riesen gehört dir und du kannst dir von seinen Schätzen alles nehmen, was du willst. Aber du mußt vorsichtig dabei sein, denn er selber ist sehr goldgierig. Auch darf er nichts merken, damit er nicht argwöhnisch wird. Aber verfolge ihn, bis alles wieder in deinen Händen ist. Nur erzähle deiner Mutter nicht, daß du nunmehr das Geheimnis erfahren hast, jedenfalls nicht früher, als bis du mich wiedergesehen hast. Wandere hier auf der Straße weiter, dann kommst du in das Haus deines Feindes, und jetzt tu, was ich dir befahl, aber sei nicht ungehorsam, sonst erwartet dich eine harte Strafe.«

Die Fee verschwand, und Hans wanderte bis nach Sonnenuntergang weiter. Erst dann entdeckte er zu seiner großen Freude ein prachtvolles Haus. Er beeilte seine Schritte, und unter der Tür erwartete ihn eine freundlich dreinschauende Frau. Er bat sie um einen Bissen Brot und um ein Nachtlager. Sie war höchst erstaunt, ihn hier zu finden und fragte ihn, ob er denn nicht wisse, daß hier ein grausamer Riese wohne, der am liebsten Menschenfleisch fräße. Da erschrak Hans gehörig, aber da er heimlich auf den Schutz der Fee hoffte, nahm er seinen Mut zusammen und bat die Frau, ihn recht gut zu verstecken und über Nacht zu beherbergen. Die Frau war sehr mitleidig, darum ließ sie sich überreden und führte ihn ins Haus.

Zunächst kamen sie durch einen vornehmen Saal, dann schritten sie durch mehrere Zimmer, die schienen aber völlig leer und verlassen, und von da aus führte die Frau ihn in einen langen Gang, an dessen beiden Seiten Eisengitter waren, hinter denen sich häßliche Kerker befanden. Hans hörte das Stöhnen der armen Opfer, die der Riese hier gefangenhielt. Er zitterte wie Espenlaub, denn er mußte darauf gefaßt sein, ebenso eingesperrt zu werden, um dem Riesen als Mittagsmahl zu dienen.

Die gute Frau aber brachte ihn in eine Küche, in der ein

großes Feuer brannte. Sie forderte ihn auf, sich zu setzen und gab ihm reichlich zu essen und zu trinken. Doch noch während er vergnügt speiste, erklang ein ungestümes Pochen am Tor, das ganze Haus wackelte, und Hans wurde rasch in den Backofen gesteckt; die Frau des Riesen aber beeilte sich, ihrem Mann zu öffnen.

»Weib, Weib«, schrie er sie an, »ich rieche Menschenfleisch.«

»Ach, mein Lieber«, sagte sie, »das sind doch die armen Leute in den Kerkern.«

Der Riese glaubte es wohl, denn er setzte sich hin, und seine Frau bereitete ihm das Nachtessen.

Hans aber schaute neugierig durch einen schmalen Spalt des Ofens und staunte, als er sah, welch unglaubliche Mengen der Riese hinunterschlang. Er glaubte schon, der würde nie mit Essen und Trinken fertig werden. Als der Riese endlich satt war, brachte die Frau ein Huhn und setzte es vor ihn auf den Tisch. Hans wurde immer neugieriger, denn nun wollte er auch noch wissen, was weiter geschähe. Er beobachtete, daß das Huhn unbeweglich stand, aber jedesmal wenn der Riese sagte: »Los!« legte das Huhn ein goldenes Ei. Lange Zeit vergnügte er sich damit und die goldenen Eier häuften sich schon auf dem Tisch. Die Frau des Riesen war längst zu Bett gegangen, da schlief der Riese endlich auch ein und schnarchte so laut, daß es dröhnte wie Kanonendonner.

Da er bei Tagesanbruch immer noch schnarchte, kroch Hans vorsichtig aus seinem Versteck hervor, packte das Huhn und rannte mit ihm davon, so schnell ihn seine Beine tragen konnten. Mit Leichtigkeit fand er den Weg zur Bohnenranke, stieg schneller hinunter, als er heraufgekommen war, und seine Mutter freute sich sehr, als sie ihn sah.

»So, liebe Mutter«, sagte Hans, »ich habe dir etwas sehr Einträgliches mitgebracht. Die Henne legt so viel goldene Eier, wie du haben willst.«

Die Eier verkauften sie, und nun lebten sie besser und immer besser und wurden reich dabei.

Doch das ging nur einige Monate gut, da fühlte Hans das Verlangen, den Riesen noch einmal zu besuchen. Sehr früh am Morgen stieg er wieder die Bohnenranke hinauf und erreichte des Riesen Haus am späten Abend. Die Frau stand wieder vor der Tür, und Hans erzählte ihr wieder seine traurige Geschichte und bat um ein Nachtlager. Sie berichtete ihm gleich, daß sie vor einiger Zeit schon einmal solch armen Jungen eingelassen habe, aber der Undank hätte die Schätze des Riesen bestohlen. Trotzdem nahm sie ihn mit in die Küche, gab ihm zu essen und zu trinken und steckte ihn hernach in die Rumpelkammer.
Bald darauf kehrte der Riese heim und seine Frau mußte ihm seinen Beutel mit Gold und Silber geben. Wieder lugte Hans aus seinem Versteck hervor und beobachtete genau, wie der Riese die Schätze zählte und dann in den Beutel zurücksteckte. Endlich wurde er schläfrig und schnarchte wie das erste Mal. Hans kroch behutsam aus seinem Versteck hervor, aber das Hündchen unter dem Stuhl begann wütend zu bellen. Schon glaubte Hans, alles sei verloren, aber der Riese schlief zu fest und der Hund legte sich auf die andere Seite und beruhigte sich. Da packte Hans den Beutel und rannte mit den Schätzen zur Bohnenranke. Als er die Hütte seiner Mutter erreicht hatte, fand er sie zu seinem Schrecken leer und verlassen. Er eilte überrascht ins Dorf und erfuhr dort, daß seine Mutter im Sterben läge. Aber als sie von seiner Rückkehr hörte, beruhigte sie sich wieder und wurde bald gesund. Hans schenkte ihr gleich zwei Beutel mit Gold.
Nun hätte er es wahrlich genug sein lassen können, aber, ob er wollte oder nicht, die Lust überkam ihn immer unbezwinglicher, nochmals die abenteuerliche Reise anzutreten. Sobald es hell wurde, erhob sich Hans am anderen Morgen, erklomm die Bohnenranke und erreichte mit Mühe die Spitze. Er fand auch wieder die Straße und alles war wie früher. Am Abend kam er vor das Haus des Riesen und die Frau stand vor der Tür. Doch diesmal wollte sie sich nicht

überreden lassen, ihn einzulassen, und es währte lang, bis er es erreicht hatte. Schließlich versteckte sie ihn im Kupferkessel.

Als der Riese zurückkam, schnaufte er wie gewöhnlich. »Weib, Weib, ich rieche frisches Fleisch.«

Hans fühlte sich nun bereits sehr sicher, denn der Riese hatte sich ja jedesmal wieder beruhigt. Diesmal aber sprang er auf und durchstöberte den ganzen Raum. Hans wäre fast vor Angst gestorben, und er verwünschte es, daß er nicht daheimgeblieben war. Er glaubte schon, sein letztes Stündlein sei gekommen. Der Riese hatte bereits die Hand am Deckel des Kupferkessels; doch gerade da beruhigte er sich wieder und setzte sich ans Feuer. Er schickte seine Frau fort und bat sie, ihm, während er aß, die Harfe zu holen. Hans äugte unter seinem Deckel hervor und da sah er, daß die Frau eine herrliche Harfe brachte. Kaum stand sie vor dem Riesen auf dem Tisch, sagte jener: »Spiele!« und alsobald erklang die wunderschönste Musik, die Hans je gehört hatte. Er konnte es nicht erwarten, die Harfe zu bekommen. Und kaum war der Riese wieder in seinen tiefen, festen Schlaf gefallen, so krabbelte Hans aus seinem Kessel heraus und nahm die Harfe. Die Harfe aber war von einer Fee verzaubert, und sie fing laut an zu rufen: »Herr, Herr!«

Der Riese erwachte, stand auf und versuchte, Hans zu folgen. Hans rannte davon, so rasch ihn seine Beine trugen, und der Riese, der zu viel getrunken hatte, konnte kaum auf den Beinen stehen. Als er endlich die Kraft über sich zurückgewonnen hatte, hatte Hans die Spitze der Bohnenranke erreicht.

Der Riese brüllte mit Donnerstimme hinter ihm her und war dicht auf seinen Fersen. Auch er hatte die Bohnenranke erreicht und versuchte, hinunterzuklettern, aber Hans war früher unten und kaum war er in die Hütte getreten, nahm er ein Beil und hieb die Ranke ab. Da stürzte der Riese kopfüber in den Garten und fiel zu Tode.

Jetzt erst bat Hans seine Mutter um Verzeihung, erzählte ihr alles und versprach, ihr hinfort keine Sorgen mehr zu machen. Sie konnte sich auch von da an auf sein Wort verlassen, und sie lebten einträchtig zusammen.

30. November

Die russische Finetee und die russische Galethee

Es war einmal in Pommern ein Herzog, der war gut Freund mit dem russischen Kaiser, und sie kamen oft zusammen und tranken sich zu, bis sie schwer betrunken waren. Eines Tages machten sie miteinander ab, daß des Herzogs beide Söhne des Russen Töchter heiraten sollten, und zwar sollte Prinz Friedrich die Finetee, Prinz Karl aber die Galethee zur Frau bekommen. Der Herzog von Pommern schrieb das alsbald im Testamente nieder; weil er aber betrunken war, verschrieb er sich und setzte statt der Worte: ›Prinz Karl soll die russische Galethee kriegen‹, ›Er soll sich den russischen Galgen verdienen.‹

Als er nun starb, ward das Testament eröffnet und den Prinzen verlesen.

»Was unser Vater bestimmt hat, das müssen wir tun«, sagten sie, und Prinz Friedrich zog mit großem Gepränge nach Rußland, wo er mit der russischen Finetee verheiratet wurde; Prinz Karl dagegen zäumte sein Pferd und vernähte ein gut Teil Goldstücke in den Sattel, dann schwang er sich auf das Tier und ritt über die Grenze, um sich den russischen Galgen zu verdienen.

Er zog von einer Stadt zur andern und von einem Dorf zum andern, er ritt über Berg und Tal, über Stock und Stein, bis er endlich in einen großen dunklen Wald gelangte, der kein Ende nehmen wollte. Auf den Abend kam er obendrein von der Straße ab, und es dauerte gar nicht lange, so hielt er vor einem großen tiefen Sumpf, und Weg und Steg hatten ein Ende.

Als er so dastand und wußte nicht aus noch ein, trat aus dem Dickicht ein schwarzer Mann auf ihn zu und sprach: »Was tust du hier?«

Antwortete Prinz Karl: »Ich habe mich verirrt.«

Sagte der Mann: »Wenn du mir die Hälfte von dem Gelde gibst, das du in den Sattel genäht hast, so will ich dich wieder auf den richtigen Weg leiten.«

Die Rede gefiel dem Prinzen Karl so übel nicht, denn was nützte ihm das Geld, wenn er in dem Sumpf ertrank; er trennte darum den Sattel auf und gab dem Mann die Hälfte von den Goldstücken.

Der ergriff das Pferd beim Zügel und führte es durch Gestrüpp und Buschwerk, bis sie wieder auf dem Wege waren. Dann verabschiedete er sich von dem Prinzen; doch ehe er ging, schenkte er ihm noch eine Kugel und sagte dabei: »Wenn du die in den Mund nimmst, so bist du unsichtbar.« Prinz Karl steckte die Kugel zu sich und zog seine Straße.

Den andern Tag kam er wieder vom Wege ab, und nachdem er eine Zeitlang umhergeirrt war, stand er vor demselben Sumpf wie gestern.

»Du hälst ja noch immer hier«, rief eine Stimme, und der schwarze Mann trat aus dem Dickicht heraus.

»Ja, es ist schlimm mit diesem Walde«, sagte Prinz Karl. »Wer darin nicht Bescheid weiß, verirrt sich und ertrinkt am Ende im Sumpf. Kannst du mich nicht noch einmal auf den rechten Weg bringen?«

»Mit dem größten Vergnügen«, antwortete der schwarze Mann, »wenn du mir wiederum die Hälfte von dem Gelde gibst, das du noch hast.«

Dann behielt Prinz Karl zwar nur noch ein Viertel von dem ganzen Schatze; aber wozu brauchte er auch das Gold, um den russischen Galgen zu verdienen?

Er gab also dem schwarzen Manne den geforderten Preis,

und dieser führte ihn durch das Dickicht auf die rechte Straße zurück und schenkte ihm zum Abschied eine kleine Rute. »Was du damit schlägst, sei es Mauer oder Fels, das öffnet sich, und woran du mit der Rute pochst, das gibt dir Antwort«, sagte er und verschwand.

Prinz Karl aber setzte seine Reise fort und kam noch vor Abend in eine große Stadt und stieg daselbst in einem guten Gasthause ab.

Dem Wirte gefiel der schmucke Reitersmann, und als dieser gegessen und getrunken hatte, nahm er ihn beiseite und sagte: »Ich habe drei schöne Töchter. Wie wäre es, wenn du mein Schwiegersohn würdest?«

»Das wäre so schlecht nicht«, antwortete Prinz Karl, »laß mich heute nacht mit der Ältesten den Versuch machen.«

Darauf wurde die älteste Tochter des Gastwirts in eine besondere Kammer gebettet und danach Prinz Karl zu ihr geführt. Der wartete, bis sie eingeschlafen war; dann zog er die kleine Rute hervor, klopfte damit auf ihr rotes Mäulchen und fragte: »Wen hast du schon geküßt?«

»Den Bürgermeister, Amtmann, Pastor und Richter«, antwortete das kleine rote Mäulchen.
Da ward dem Prinzen angst und bange, er steckte die Rute wieder zu sich, drehte dem Mädchen den Rücken zu und blieb liegen wie ein Stück Holz, bis der Tag anbrach. Dann ging er zum Wirte und sprach zu ihm: »Deine Tochter mag ich nicht, sie hat andere lieber als mich!«
»So wollen wir es heute abend mit der zweiten versuchen«, sagte der Wirt; und das geschah auch.
In der nächsten Nacht ging Prinz Karl mit der zweiten Tochter in die Kammer; aber hatten bei der vorigen vier genascht, so zählte bei dieser das Mäulchen ein ganzes Rudel auf, daß Prinz Karl nur schnell die Rute wegstecken mußte, um nicht einen zu großen Schrecken zu bekommen. Er drehte ihr ebenfalls den Rücken zu, und mit Sonnenaufgang weckte er den Wirt und sagte zu ihm: »Deine zweite Tochter gefällt mir erst recht nicht, die hält's mit der halben Stadt; ich mag dein Schwiegersohn nicht sein.«
Sprach der Wirt: »Nicht so hitzig! Versuch's doch noch einmal mit der Jüngsten, die ist erst sechzehn Jahre alt und wird dir gewiß wohl gefallen.«
Die Bitte mochte Prinz Karl dem Wirt nicht abschlagen, und in der dritten Nacht ging er zu der jüngsten Tochter. Als sie eingeschlafen war und er mit der Rute klopfte und fragte, siehe, da zählte das kleine rote Mäulchen so viele auf, wie die beiden andern zusammen.
Nun hatte er's mit den drei Töchtern versucht, und als der dritte Morgen kam, sagte er zum Wirt: »Deine dritte Tochter ist erst recht nichts wert, die ist so schlimm wie die beiden andern zusammen.«
Damit wollte er Abschied nehmen; dem Vater lief aber bei diesen Worten die Galle über. »Will solch hergelaufener Landstreicher anständige Mädchen ins Gerede bringen!« rief er voll Zorn; sprach's und schleppte ihn vor den Richter.
Dazumal waren die Gerichte noch Schnellgerichte; des Vormittags wurde das Recht gesprochen, und nachmittags hing

der Sünder schon am Galgen. Als der Wirt nun mit Prinz Karl vor dem Richter stand und dieser den ganzen Handel gehört hatte, sollte Prinz Karl sich verteidigen.
»Ich will nicht sprechen«, sagte er, »die Mädchen sollen es selber sagen«, und auf des Richters Befehl wurden die Jungfern herbeigeholt.
Alsbald nahm Prinz Karl die kleine Rute und klopfte und fragte: »Mäulchen, wie oft schon genascht?«
Antwortete das Mäulchen: »Beim Herrn Bürgermeister, beim Herrn Amtmann, beim Herrn Pastor, beim Rich–!«
»Halt«, schrie der Richter, »die erste ist überführt; man schaffe die zweite herbei!«
Bei der dauerte es auch nicht lange, so stand sie neben der ersten und durfte die Augen nicht mehr herumgehen lassen.
Nun blieb nur noch die Jüngste übrig; die hatte geschwind ihr Schnupftuch zwischen die Zähne gesteckt, und als Prinz Karl anklopfte und fragte, antwortete sie: »Wu, wu, wu!«
»Was ist denn das?« rief der Richter; aber Prinz Karl wußte sich Rat, schlug ihr auf das Näschen und fragte: »Näschen, sag einmal, was ist im Mäulchen?«
»Hat sich ein Taschentuch zwischen die Zähne gesteckt«, antwortete das Näschen, und das Mädchen mußte das Tuch herausziehen. Da schnatterte das Mäulchen aber los, daß der Richter nur schnell das Gericht aufheben mußte, es hätte sonst keiner von den Herren der Stadt seine Ehre behalten.
Damit waren des Wirts Töchter abgetan, Prinz Karl aber sattelte sein Pferd und ritt seine Straße weiter.
Als er eine Zeitlang geritten war, kam er wieder in einen großen Wald und verirrte sich darin. Er stieg auf einen Baum und sah nicht weit davon ein Licht durch die Bäume schimmern. Eilends stieg er wieder hinab und setzte seine Wanderung fort, bis er vor einem Hause stand. Er öffnete die Türe und ging hinein; da saß ein alter grauer Mann auf der Ofenbank, der fragte ihn, was er wolle.
Prinz Karl merkte wohl, daß er in eine Räuberhöhle geraten war; darum sprach er geschwind: »Guten Abend! Kennst du

mich nicht? Ich gehöre zum Schwarzen Karl und habe mich allein gerettet und will jetzt bei Euch wohnen und Euch helfen.«

Über diese Rede verfärbte sich der Alte, denn der Schwarze Karl hatte eine Brust wie Eisen, und die Kugeln prallten ab von seinem Leibe und konnten ihn nicht durchbohren; seine Bande aber war als die schlimmste verschrien, weit und breit. Darum hieß er den Gast freundlich willkommen und trug ihm Speise und Trank auf und bat ihn zu warten, bis die andern nach Hause kämen.

Um Mitternacht traten elf große starke Kerle herein; aber Prinz Karl fürchtete sich nicht, ging auf sie zu und drückte einem jeden die Hand, daß es krachte.

»Wer ist das?« fragten die elf verwundert den Alten; der aber sagte: »Es ist einer von den Leuten des Schwarzen Karl. Er ist bei der großen Schlacht davongekommen und hat das Leben geborgen. Jetzt will er bei euch bleiben und euch helfen.«

Sprachen die elf: »Sei uns willkommen! Aber das sagen wir dir von vornherein: gemordet wird nicht, wir vollbringen alles mit List; nur wenn es sich nicht anders tun läßt, gehen wir den Leuten ans Leben.«

»So hab ich's beim Schwarzen Karl auch gehalten«, gab er zur Antwort, und dann setzten sie sich allesamt zu Tische nieder, und nachdem sie sich satt gegessen und getrunken hatten, legten sie sich zu Bette und schliefen, bis der Tag anbrach.

Am andern Morgen sprach der alte graue Mann, der Hauptmann der Bande, zu Prinz Karl: »Bei uns ist es Sitte: wer bei uns eintreten will, muß ein Probestück machen.«

»Die Sitte lobe ich mir«, sagte Prinz Karl und ging zum Hause hinaus. Über ein Weilchen erblickte er einen Schlächter, der zwei Ochsen vor sich her trieb. ›Die will ich stehlen, ohne Blut zu vergießen‹, dachte er sich; dann lief er durch das Gebüsch dem Schlächter voraus und warf seine Säbelscheide auf die Straße.

Als der Schlächter vorbeikam, sagte der: »Sieh da, eine schöne Scheide! Was nützt sie dir aber ohne Säbel?«
Damit ließ er die Scheide liegen und zog seine Straße weiter. Das hatte Prinz Karl nur gewollt, und schnell hob er die Scheide auf und lief, was er konnte, quer durch den Wald und über den Berg hinüber, um den sich die Straße zog. Dort warf er den Säbel in den Sand und wartete hinter einem Busche, bis der Schlächter kam.
Als dieser den blanken Säbel erblickte, sprach er bei sich: ›Hättest du doch vorher die Scheide mitgenommen, hier liegt der Säbel dazu!‹ und geschwind band er die Ochsen an einen Baumstamm und lief die Straße zurück, um die Scheide zu suchen.
Aber er fand sie nicht, und als er zurückkam, war auch der Säbel verschwunden und die Ochsen mit ihm, die hatte Prinz Karl über die Wiese in die Räuberhöhle geführt, so daß man die Spuren nicht sehen konnte.
»Das hast du gut gemacht«, sprach der Hauptmann, »und wenn du uns morgen noch einen Ballen Tuch aus der Stadt ohne Geld kaufen kannst, so wollen wir dich halten, wie einen der unsern und du sollst unser Spießgesell werden.«
Das ließ sich Prinz Karl nicht zweimal sagen. Den andern Tag nahm er Pferd und Wagen, einer von den elfen mußte als Kutscher auf den Bock, während er wie ein vornehmer Herr, an jedem Finger einen Ring, in dem Rücksitz saß. Außerdem hatte er eine Truhe bei sich, die klipperte und klapperte, sobald man daran stieß, wie wenn eitel Gold und Silber darin wären. Als er nun mit seinem Gefährt in der Stadt angelangt war, hieß er den Kutscher vor dem besten Laden halten. Dort stieg er aus und ließ sich das feinste Tuch und das teuerste Seidenzeug vorlegen. Der Kaufmann sah nur auf die großen Ringe mit den glänzenden Steinen und freute sich, einen so reichen Kunden bekommen zu haben, und konnte nicht genug Ballen herbeischleppen.
»Ich nehme es, wie es da ist, ungesehen«, sagte Prinz Karl, »und über die Bezahlung werden wir nachher einig werden.

Schafft nur das Zeug auf den Wagen hinauf und nehmt derweil die Truhe an Euch.«

›Das ist sein Geldkasten‹, dachte der Kaufmann bei sich und stieß den Ladendiener heimlich in die Rippen, und dann rechneten sie beide im voraus zusammen, wieviel sie bei dem Handel verdienen würden.

Prinz Karl aber ging aus dem Laden, als ob er sich in der Stadt belustigen wollte; er tat jedoch nur so, in Wahrheit lief er vors Tor, und als der Räuber mit dem Wagen an ihm vorbeifuhr, sprang er geschwind zu ihm auf den Bock, und sie brachten die Ladung in den Wald hinaus in die Räuberhöhle. Da war es Zeug genug, daß sich die ganze Bande neu damit kleiden konnte, und Prinz Karl wurde von dem Hauptmann in alle Ehren eines Räubers eingesetzt. Der Kaufmann wartete inzwischen zwei kurz und drei lang, daß der vornehme Herr zurückkommen sollte. Als er immer noch nicht bei ihm vorsprach, wollte er sich an der Geldkiste schadlos halten; doch als er den Deckel der Lade erbrach, war nichts darin als Kieselsteine und Glasscherben, das hatte geklungen wie Geld, wenn man mit dem Fuße daranstieß.

Der Kaufmann fluchte über den argen Dieb, die Räuber aber lobten ihn; doch Prinz Karl wollte von allem nichts wissen und noch eine dritte Probe bestehen, obwohl er sie gar nicht mehr nötig hatte.

»Kinder«, sagte er, »aller guten Dinge sind drei; heut nacht will ich mit euch des Kaisers Schatzkammer bestehlen.«

»Au!« riefen die Räuber, »das tun wir nicht, das bringt uns an Rad und Galgen.«

»Ich gehe voran«, sagte Prinz Karl, »und wer ein Herz hat, der folge mir.«

Da mochten sich die Räuber nicht lumpen lassen und taten, wie er ihnen befahl. Er hieß sie aber den Wagen voll Stroh laden, und als sie mit Einbruch der Nacht vor der Stadt angelangt waren, mußten sie die Räder und die Hufe der Pferde mit Stroh umwickeln, damit niemand das Klappern der Eisen und das Knarren der Räder hören könne.

Als sie nun vor dem kaiserlichen Schloß hielten, zog Prinz Karl die kleine Rute aus dem Busen hervor und schlug damit an die Mauern. Sogleich taten sie sich auseinander. Die Wächter auf dem Hofe schliefen, wie Wächter gemeiniglich zu tun pflegen, und so gelangten sie ungestört bis an die Schatzkammer. Ein Schlag mit der Rute und die schwere Eisentür sprang auf, und jeder Räuber steckte so viel Gold und Silber zu sich, als er in seinem Sacke nur irgend davonschleppen konnte. Endlich waren sie fertig, und nachdem sie alles auf den Wagen geladen hatten, fuhren sie ebenso lautlos wieder zur Stadt hinaus und in den Wald zurück, wie sie gekommen waren.

Am andern Tage war großes Jammern und Wehklagen auf dem Schlosse, denn der Kaiser ließ alle Wächter durchprügeln und jagte sie mit Schimpf und Schande aus dem Schlosse, weil sie die Schatzkammer nicht besser gehütet hatten; in der Räuberhöhle jedoch wurde gesungen und gesprungen, getanzt und gelacht, so viel Gold und Silber hatten sie noch niemals zusammengebracht. Nun sollte Prinz Karl sogar Hauptmann werden, der alte Räubervater bot es ihm selbst an, aber der wollte nicht.

»Ich bin noch zu jung«, sagte er, »und dem ältesten gebührt diese Ehre.«

Da gaben sich die andern endlich zufrieden, und sie lebten einige Zeit lustig in Saus und Braus. Aber die vielen Schätze, welche sie gewonnen hatten, machten sie lüstern auf noch größeren Reichtum, und sie baten den neuen Bruder, daß er sie noch einmal zum Schloß führen möge.

»Ich will es tun, aber es ist euer Unglück«, sagte Prinz Karl; denn er ahnte wohl, daß der Kaiser so kurz nach der Tat doppelte Wachen aufstellen würde. Doch die Räuber ließen sich nicht davon abbringen. Da befahl er, den Wagen zum zweiten Male mit Stroh zu beladen, und dann fuhren sie zur Stadt, und der Räubervater blieb allein in der Höhle zurück.

Am Tore wurden wiederum die Räder und die Eisen der Pferde mit Strohbändern bewickelt, und als sie auf diese

Weise lautlos bis an die Schloßmauern gelangt waren, schlug Prinz Karl mit der Rute gegen das Gemäuer, und siehe da, es klaffte auseinander. Gierig schlich einer nach dem andern durch die Öffnung hinein; aber sobald sie drinnen waren, wurden sie von den Schildwachen beim Wickel genommen, in Fesseln gelegt und in den Kerker geworfen. Nur Prinz Karl ging frei aus, denn er hatte seine Kugel in den Mund genommen, und er hörte, wie die andern sagten: »Wer fehlt denn? Wir waren doch zwölf und sind hier nur elf? Richtig, der jüngste ist nicht da; der ist doch klüger als wir andern!«
Am anderen Morgen wurden die Räuber vor den Kaiser gebracht, und nachdem jeder fünfzig hinten drauf aufgezählt erhalten hatte, fragte er sie, wo sie ihre Höhle hätten und wie groß ihre Bande wäre. Erst wollten sie nicht mit der Sprache heraus; als sie aber noch fünfzig erhalten hatten, sagten sie einmütig, sie seien ein Hauptmann und zwölf Mann, und ihre Höhle hätten sie draußen im Walde.
Da schickte der Kaiser seine Soldaten hin, die nahmen den Räubervater gefangen und luden das Gold und Silber, das sie in der Höhle fanden, in große Karren und führten es in die Stadt zurück, wo es der Kaiser wieder in die Schatzkammer schütten ließ.
Nun war alles da, nur der Dreizehnte fehlte. »Ihr sollt nicht leben und nicht sterben«, rief der Kaiser, »ehe ihr ihn nicht verraten habt.«
»Wir wissen ja selbst nicht, wie er heißt«, jammerte der Hauptmann, »er sagte, er sei vom Schwarzen Karl, und vierzehn Tage war er nur bei uns, da hat er all das Unglück angerichtet.«
Der Kaiser glaubte aber den Reden nicht, und jeden Tag bekamen die Räuber Prügel, daß sie gestehen sollten, wo der Dreizehnte sei.
Indessen schlenderte Prinz Karl in den Straßen umher. Und als er einmal stillestand und seine Stiefel besah, merkte er, daß es mit den Sohlen nicht zum besten bestellt war. Nun hatte unweit davon ein Flickschuster seinen Laden. ›Der soll

den Schaden wieder gutmachen‹, dachte er bei sich und trat zu ihm in die Werkstatt hinein. »Meister Schuster«, sagte er, »hier ist ein Goldstück; geh hin und kauf gutes Leder ein und besohl mir die Stiefel.«

Der Altflicker nahm das Goldstück und lief, was er laufen mochte, denn solch vornehmen Herrn hatte er noch niemals zum Kunden gehabt. Während er fort war, zog Prinz Karl ein zweites Goldstück aus der Tasche und gab es der Frau, daß sie ein gutes Mittagessen besorge für drei Mann mit Braten und Wein. Da ging nun ein schönes Leben bei den Altflickersleuten an, der Meister besohlte mit neuem Leder und die Frau briet und schmorte, und dann setzten sie sich alle drei zu Tische und aßen und tranken, bis sie nicht mehr wußten, wo sie waren und trunken zu Bette gingen. Die Stiefel wurden auf diese Weise den ersten Tag nicht fertig, das ist kein Wunder; und am zweiten auch nicht, denn da trieben sie es nicht anders; als sie aber endlich doch fertig waren, zog sie Prinz Karl auf seine Füße, lobte den Meister wegen der guten Arbeit und sprach: »Warum geht's ihm bei der guten Arbeit so schlecht?« Antwortete der Altflicker: »Ach, lieber Herr, ich bin ein armer Mann und kann kein gutes Leder kaufen. Wer bei mir einmal besohlen ließ, der kam das zweite Mal nicht wieder. Und mit Goldstücken bezahlt sonst niemand, da seid Ihr der erste.«

»Wenn's ihm am Geld fehlt, so geh Er doch in des Kaisers Schatzkammer«, sagte Prinz Karl, »da ist Gold und Silber wie Heu.«

»Ja, wer das dürfte!« sagte der Meister.

»Das ist nicht so schlimm«, sprach Prinz Karl; und als es dunkel wurde, hieß er den Altflicker einen Sack auf den Buckel nehmen und ging mit ihm zum Schlosse.

Sobald Prinz Karl das Gemäuer mit der Rute berührte, wich es auseinander, und sie hatten freien Gang, denn die Wachen waren schon wieder sorglos geworden und schnarchten um die Wette. Noch ein Schlag an die Eisentür, und sie standen in der Schatzkammer, und der Schuster füllte seinen Sack mit

Gold, so schwer er nur irgend tragen konnte, und dann kehrten beide durch den Mauerriß in die Werkstätte zurück. Dem Schuster erging es aber nicht anders wie den Räubern. Als er viel Geld hatte, war es ihm nicht Geld genug, und er sprach zu seinem Gaste: »Wie Ihr es macht, kann einer leicht zu Gelde kommen. Aber die Zeiten sind schlecht, und die Preise sind hoch, was meint Ihr, wir gehen heut abend noch einmal in die Schatzkammer.«

»Zum zweitenmal ist's gefährlich«, warnte Prinz Karl; aber da sich der Flickschuster nicht raten ließ, ging er mit ihm, und als sie an das alte Loch gekommen waren, kletterte der Schuster geschwind hinein. Doch er kam nicht weit, denn kaum hatte er die Beine auf der anderen Seite der Mauer, so griffen die Schildwachen, welche diesmal besser aufpaßten, zu und zogen und zogen, damit sie ihn ganz hineinbekämen. Prinz Karl hatte das wohl bemerkt, und da er den Meister nicht zu den Soldaten lassen wollte, zog er am Kopfende. Doch drinnen waren vier und draußen nur einer.

›Verloren ist er doch‹, sprach Prinz Karl bei sich, und ratz! schnitt er ihm mit seinem langen Messer den Kopf ab, damit er wenigstens nicht sagen könnte, wo der dreizehnte Räuber geblieben sei.

Den anderen Morgen war die Freude groß im Schlosse, denn sie glaubten allesamt, jetz habe man den dreizehnten erwischt. Als aber dem Räubervater die Leiche gezeigt wurde, schüttelte er den Kopf und sagte: »Das ist der Dreizehnte nicht. Dies ist ein kleiner schmächtiger Kerl, aber unser Bruder war groß und stark; er ist's gewesen, der diesem Mann den Kopf abschnitt.«

Um sein Leben zu retten, gab er dem Kaiser den Rat, er solle die Leiche, die Füße nach vorn, auf einen Karren legen und zum Schindanger fahren lassen, aber auf Umwegen und durch alle Straßen der Stadt. Wer dann schreie bei dem Anblick der Leiche, der sei ein Verwandter des Geköpften und könne wohl angeben, wo der Dreizehnte sei. Und so tat der Kaiser auch. Während nun Prinz Karl bei der Altflickerin in der Werkstatt saß und ihr erzählte, wie die Geldgier ihrem Mann das Leben gekostet habe, und dabei fleißig zu seinem Zeitvertreib mit Pechdraht und Nadel hantierte, führte der Scharfrichter den Schinderkarren mit der Leiche des Meisters an dem Fenster vorbei. »Herr du meines Lebens!« schrie die Frau und fiel von einer Ohnmacht in die andere.

Prinz Karl aber war nicht faul und hieb sich das Schustereisen in das Knie, daß das Blut zur Erde floß. Als nun die Henkersknechte herbeikamen und Nachfrage hielten, weshalb die Frau so geschrien habe, wies er auf das strömende Blut. Da waren die Männer zufriedengestellt und zogen mit ihrem Karren weiter, aber den Dreizehnten fanden sie nicht.

Prinz Karl ärgerte sich jedoch, daß der Kaiser so scharf hinter ihm her war, und er beschloß, ihm einen rechten Streich zu spielen. Und das stellte er so an: Er nahm die Kugel in den Mund und ging unsichtbar in das Schloß hinein, die Treppen hinauf, bis er in des Kaisers Zimmer gelangte. Dort lagen auf dem Tisch die Tagesbefehle, welche der Kaiser an den Feldmarschall und an den Bürgermeister zu schicken pflegte. Eins fix drei hatte Prinz Karl den ersten Brief erbrochen, und statt des Befehls, der darin stand, schrieb er hinein: ›Weil die Soldaten gestern so gut exerziert und geschossen haben, soll heute mittag ein jeder zwei Pfund Fleisch zu essen bekommen.‹ Denn bei den Russen lagen dazumal alle Soldaten in Bürgerquartieren. In den anderen Brief aber schrieb er: ›Weil die Soldaten so schlechtes Gesindel sind und allesamt nichts taugen, sollen ihnen die Bürger heute mittag nur trockene Kartoffeln vorsetzen.‹ Dann versah er die falschen Briefe mit des Kaisers eigenem Siegel und ging wieder seiner Wege zu der Schustersfrau.

Am Vormittag verlas der Feldmarschall den Soldaten und der Bürgermeister den Bürgern den Tagesbefehl; und die Soldaten freuten sich, daß sie so viel Fleisch bekommen sollten, und die Bürger freuten sich, daß sie heute kein Fleisch zu geben brauchten. Als nun aber die Soldaten müde vom Dienst heimkamen und es nicht fanden, wie ihnen durch Tagesbefehl verheißen war, wurden sie sehr zornig und schalten die Bürger Diebesgesindel und schlugen auf sie ein, und es war ein Heulen und Wehklagen in der Stadt, wie es noch niemals gehört worden war. Endlich ließ der Feldmarschall Generalmarsch schlagen, und als die Trommeln gingen: ›Kam-me-rad-kumm! Kam-me-rad-kumm!‹ da mußten die Soldaten freilich vom Schlagen abstehen und zur Fahne eilen.

Der Kaiser war sehr böse, als er von der Sache hörte, und konnte nicht begreifen, wie so falsche Befehle aus seinem Zimmer gekommen waren. Der Räubervater aber sagte zu ihm: »Das ist niemand anders gewesen als der Dreizehnte; und wenn ihr seiner nicht habhaft werdet, so bringt er noch Euch und das ganze Land ins Unglück!« Das sagte er aber nur, damit er alle Schuld auf den Prinzen Karl schieben konnte und mit dem Leben davonkäme. »Wie soll ich ihn aber fangen?« fragte der Kaiser.

Da gab ihm der Räubervater folgenden Rat: »Der Dreizehnte ist ein großer starker Mann und dabei noch jung an Jahren. Laßt alle jungen Leute zu Euch auf das Schloß kommen, daß sie mit der Prinzessin Galethee und mit den Hofdamen tanzen; und die Nacht über müssen sie in dem Saale bleiben und auf Streu schlafen. Wie ich den Dreizehnten kenne, wird er bei dem Feste nicht fehlen und in der Nacht wird er eure Tochter küssen wollen. Dann muß ihm die Prinzessin mit schwarzer Farbe einen Strich auf die Wange malen, und am anderen Morgen könnt Ihr sehen, wer Euch all das Unheil angerichtet hat.« – »Das ist ein guter Rat«, dachte der Kaiser und tat, wie der Räubervater gesagt hatte. Alle jungen Leute wurden zu einem großen Fest aufs Schloß geladen und durften mit der Kaiserstochter und mit den Hofdamen tanzen, und Prinz Karl war wirklich mitten unter ihnen und tanzte fleißig mit.

Um Mitternacht war der Tanz zu Ende, und die Tänzer wurden auf Streu gebettet, die Prinzessin aber bekam von dem Kaiser ein Töpfchen mit Farbe in die Hand gedrückt,

damit sollte sie demjenigen, der sie bei Nacht stören würde, einen Strich auf die Backe malen.
Und der Räubervater hatte sich nicht verrechnet. Als alles schlief, konnte Prinz Karl allein keinen Schlaf in die Augen bekommen; die Kaiserstochter hatte es ihm angetan, und er stand auf und schlich in ihre Kammer und küßte sie. Doch als er fertig war, gedachte sie des Gebotes, das ihr der Kaiser gegeben, und sie malte dem Manne einen schwarzen Strich auf die Backe; dann drehte sie sich um und schlief ein. Prinz Karl aber war auf seiner Hut und hatte die List wohl gemerkt. Sobald die Prinzessin schlief, stahl er ihr das Töpfchen und malte mit der Farbe jedem Schläfer einen schwarzen Strich auf die Backe, vom Kaiser bis zum jüngsten Küchenjungen.
Am anderen Morgen stand der Kaiser früh auf und ging in seiner Tochter Kammer.
»Aber pfui, Papa«, sagte die Prinzessin, als sie die Augen aufschlug; und da der Kaiser nicht wußte, warum sie das sage, wies sie ihm den schwarzen Strich auf der Backe.
Da lief der Kaiser in den Saal, und siehe da, alle jungen Männer waren in derselben Weise gezeichnet. Jetzt wurde der Kaiser gar zornig und drohte, den Räubervater lebendig braten zu lassen, wenn er ihm nicht den Dreizehnten schaffe.
»Ich kann es nicht, und wenn ich sterben muß«, rief der Hauptmann, »nur ein Mittel gibt's noch. Geh in den Saal und versprich dem, der Eure Tochter im Schlafe geküßt und die falschen Tagesbefehle geschrieben hat, die Prinzessin Galethee zur Frau, dann wird er sich wohl melden.«
Anfangs wollte dieser Rat dem Kaiser gar nicht in den Kopf, endlich aber bedachte er sich, daß er sein Reich keinem besseren hinterlassen könne als solch klugem Schwiegersohn, und er ging in den Saal zurück und sprach mit lauter Stimme: »Wer gestern nacht meine Tochter geküßt und den Spaß gemacht hat mit den Tagesbefehlen, der melde sich, er soll mein Schwiegersohn werden.«
Aber siehe da, niemand meldete sich. Der Kaiser sprach es

zum zweiten Male, es half wiederum nichts. Da setzte er die goldene Kaiserkrone auf und warf den Purpurmantel um und schwur bei Krone und Zepter, er wolle halten, was er gesagt habe.
Jetzt trat Prinz Karl vor und sagte: »Ich bin der Dreizehnte, ich bin es gewesen.«
»Wie heißt du denn?« fragte der Kaiser verwundert. »Prinz Karl von Pommern«, gab er zur Antwort.
»Du bist Prinz Karl?« rief der alte Kaiser voll Freuden, »da solltest du ja schon längst meine Galethee zur Frau bekommen.«
»Davon stand nichts im Testamente«, antwortete Prinz Karl, »den russischen Galgen sollte ich mir verdienen.«
»Ach, Schnack«, sagte der Kaiser, »da hat sich dein Vater verschrieben! Das sollte heißen: Prinz Karl soll die russische Galethee kriegen.«
Nun war die Freude groß, und es wurde sogleich Hochzeit gefeiert, und all die jungen Männer im Saale nahmen daran teil. Und wenn die Prinzessin dem Prinzen bei jedem Kuß, den er ihr an diesem Abend gab, einen Strich ins Gesicht gemacht hätte, so wäre er zuletzt so schwarz im Gesicht gewesen wie ein Schornsteinfeger. Die elf Räuber aber und der alte Hauptmann wurden in Freiheit gesetzt, denn eigentlich war's ja nur Prinz Karl gewesen, der sie zu den schlimmen Dingen angestiftet hatte.

Inhaltsverzeichnis